LA PRIMAUTE DE L'HUMILITE

Richard E.D.

Sommaire

INTRODUCTION

« Il accorde, au contraire, une grâce plus excellente ; c'est pourquoi l'Ecriture dit : Dieu résiste aux orgueilleux, mais fait grâce aux humbles. » (Jacques 4 : 6)

L'attention qui est généralement portée sur ce verset concerne plus le bénéfice ou les vertus de l'humilité. Le but étant de permettre aux uns et aux autres de prendre en compte l'un des principes qui garantissent le succès. Le succès est une grandeur à laquelle tous les êtres humains aspirent. Il est la raison du déploiement maximal humain. Il est semblable à une perle rare, à un diamant revêtu d'une force d'attraction qui ne laisse personne immobile, indifférent. C'est quelque chose auquel tout le monde à droit. C'est la destinée de Dieu pour l'Homme. Dieu veut que l'Homme réussisse. Il l'a créé pour cela. La réussite est le projet glorieux de Dieu pour l'humain. Mais quel est le but de la réussite ? A quoi sert le succès ? Quelle en est sa valeur ? Quelle en est son étendue ? Les ministres de l'Evangile diront sans doute : c'est pour la gloire de Dieu. Ce qui est une lapalissade. Salomon dit :

« J'ai vu que tout le travail et toute l'habileté dans le travail n'est que jalousie de l'homme à l'égard de son prochain. C'est encore là une vanité et la poursuite du vent. » (Ecclésiaste 4 : 4)

Ce passage nous révèle une information d'importance significative. Il nous explique que la finalité du succès de l'homme est plus en rapport avec son prochain. En d'autres termes, l'homme est plus conscient de son prochain qu'il ne l'est de Dieu. L'être humain passe plus de temps à se comparer à l'autre. Et ce phénomène est fortement présent dans l'église. On veut réussir dans le ministère pour révéler son importance aux yeux des autres. La jalousie est la conscience du succès en tant que plateforme de comparaison entre les hommes. Elle est la conscience de la petitesse ou de la grandeur de l'un à l'égard de l'autre. On veut réussir parce qu'on veut montrer à l'autre qu'on est fort, grand, excellent et meilleur que lui. Et la Bible précise que le succès qui consiste à se vanter auprès de son prochain, est une vanité. Autrement dit, c'est un mauvais but du succès. Nous pouvons donc dire que le succès qui découle de l'obéissance au principe d'humilité, peut être la source de notre orgueil que Dieu répugne. Nous nous servons d'un principe pour obtenir un résultat, et celui-ci est susceptible de devenir une occasion de la déchéance. On dirait que je m'identifie à une source pour boire de la bonne eau ; puis quand ma soif est étanchée, je me comporte en ennemi de la source, j'y jette des éléments pour la troubler. On se demande donc : entre le principe et le résultat qu'est ce qui importe le plus ? Le principe est plus important que le résultat, car il ne comporte pas des éléments de sa destruction ; par contre, le résultat peut provoquer la chute.

L'humilité apparait indubitablement comme le principe et la finalité du succès. Elle occupe le premier rang des choses qui honorent le Seigneur. Nous commençons par elle, avec elle et pour elle. C'est de cela que parlera ce livre. Lis-le et que le Seigneur te révèle la place de l'humilité dans ta vie en rapport avec Lui-même, Dieu et avec ton prochain !

CHAPITRE 1- QUELQUES DECLARATIONS FORMELLES SUR L'HUMILITE

• L'humilité est une grandeur qui mesure la grandeur divine

Il nous est impossible de considérer la grandeur divine à partir d'un œil hautain et d'un cœur orgueilleux. L'humilité seule est l'échelle qui nous permet d'apprécier la grandeur de Dieu exprimée dans sa création magnifique. L'orgueilleux ne connait qu'une seule grandeur : la sienne. Mais l'humilité est la grandeur qui permet de contempler l'étendue, l'immensité et la profondeur de la grandeur de Dieu. C'est elle qui nous ouvre les yeux pour voir à juste titre l'insignifiante petitesse de la créature et la suprématie de la grandeur divine. L'orgueilleux ne reconnait pas l'œuvre monumentale du Seigneur. Or les humbles la saluent et la croient de fond en comble. L'humilité est la capacité de reconnaitre les ouvrages de Dieu dans leur perfection immaculée.

• L'humilité est la marque de l'harmonie entre les trois entités de la Déité Bénie

La parfaite entente qui règne parmi les trois personnalités de la Déité puise dans l'humilité caractérisant chacune d'entre elles. Elles accomplissent leur œuvre spécifique et collective en toute simplicité. Il n'y a jamais eu de contradiction ou d'opposition entre Dieu le Père, Dieu le Fils et Dieu le Saint-Esprit.

• L'humilité est le secret assurant la réussite

« L'arrogance précède la ruine, Et l'orgueil précède la chute. [...] Avant la ruine, le cœur de l'homme s'élève ; Mais l'humilité précède la gloire. » (Proverbes 16 : 18 ; 18 : 2)

L'un des principes puissants garantissant le succès est l'humilité. Sa vertu est inégalablement merveilleuse. Elle ouvre et dispose favorablement le cœur du Père à relâcher Ses grâces divines au bénéfice des humains. Si l'orgueil est le principe satanique assurant l'échec, l'humilité, elle, est le facteur indispensable conduisant et facilitant la réussite. Si l'arrogance est le chemin autorisé conduisant à la destruction ; la simplicité, elle, est la voie vers l'édification. Si l'orgueil est la pièce maitresse qui favorise la ruine et la bassesse, l'humilité, elle, est le levier non négociable qui propulse vers la grandeur. Elle élève et attire la gloire.

- **L'humilité est la grandeur humaine eu égard aux dispositions divines**

L'homme ne peut mesurer sa grandeur qu'en rapport avec son attitude envers les grâces et les dispositions divines. Le comportement méprisant qu'il affiche à l'égard de celles-ci révèle sa pauvreté, sa petitesse et sa bassesse. L'humilité est la grandeur humaine puisant dans le respect, la reconnaissance et la déférence pour les choses divines. Toute personne qui amenuise la grâce divine tout en célébrant la solution humaine, est un pédant engagé sur la voie de la déperdition. Notre grandeur repose sur l'attitude faste que nous développons envers les dons divins.

- **L'humilité est la vie divine impartie en l'Homme à la création pour entretenir une intimité réelle avec le Créateur**

C'est l'humilité qui rendait l'Homme vivant à l'égard de Dieu. L'orgueil est la mort par rapport à Dieu. L'un des aspects qui assuraient l'intimité continuelle de l'Homme avec Dieu au jardin d'Eden était l'humilité. C'est la vie divine déposée dans l'esprit humain pour lui permettre de garder et d'entretenir une communion riche, puissante et glorieuse avec Son créateur. L'orgueil est l'introduction de la mort dans l'esprit et l'âme de l'humain qui vient mettre fin ou briser la relation avec Dieu. L'orgueil tua l'ange de lumière, l'astre du matin encore appelé (devint) Satan. L'arrogance est la mort de l'esprit et la brisure dans la relation avec le Seigneur. Ainsi la quantité de la vie divine en l'homme est fonction de la mesure d'humilité intégrée. La vie divine abondante ne repose pas sur la connaissance théologique, mais sur le revêtement de l'humilité. Porter la vie de Dieu, c'est d'abord se saturer de la chose qui l'attire le plus. L'humilité est la vie divine présente en l'homme et qui attire et fait fléchir le cœur de Dieu à l'endroit de ce dernier. Il est dit que deux corps de même nature se repoussent, seulement deux corps diamétralement opposés s'attirent. Ce principe est contraire quand on en vient à la vie spirituelle. Il est entièrement déficitaire en ce qui concerne la relation avec le Seigneur. Si Dieu résiste aux orgueilleux, c'est parce qu'ils ont des natures totalement différentes. S'il fait grâce aux humbles, c'est parce que ceux-ci s'identifient à Sa nature et à Sa vie. L'orgueil et l'humilité ne font pas bon ménage. Ils sont aux antipodes. Dieu est attiré par ce qui porte Sa vie. Il résiste aux orgueilleux parce qu'ils portent la vie d'un autre. Oui l'orgueil est la vie de Satan introduite en l'Homme pour sa perte et sa mort. Mais l'humilité est la vie de Dieu inscrite en l'Homme pour sa bénédiction et sa vie glorieuse.

- ## L'humilité est le langage de la plus haute sagesse

« Les sages tiennent la science en réserve, mais la bouche de l'insensé est une ruine prochaine. » (Proverbes 10 : 14)

« Quand vient l'orgueil, vient aussi l'ignominie ; Mais la sagesse est avec les humbles. » (Proverbes 11 : 2)

L'une des caractéristiques de l'humilité est la douceur. L'agitation est une marque de la fatuité. Ceux qui sont calmes, posés, méticuleux et simples font preuve de grande sagesse. L'humilité est un langage de la sagesse la plus manifeste. La précipitation est une manifestation du lunatisme. Le silence, la tranquillité et la simplicité élèvent un homme. Devant Pilate, l'humilité du Seigneur Jésus révélée par le silence éberlua de manière profondément bouleversante ce gouverneur romain du premier siècle de notre ère. Lisons : **« Alors Pilate lui dit : N'entends-tu pas de combien de choses ils**

t'accusent ? Et Jésus ne lui donna de réponse sur aucune parole, ce qui étonna beaucoup le gouverneur. » (Matthieu 27 : 13-14)

Le silence du Seigneur de gloire, sa marque ponctuelle d'humilité constitua une réponse comprenant une sagesse pointue qui glaça le dos de Pilate. L'humilité est un langage qui expose une connaissance et une sagesse foudroyantes.

• L'humilité est la valeur placée en une chose

Nous révélons l'importance d'une chose, d'une parole à travers la simplicité à son égard. Le niveau d'humilité est mesuré par la soumission à un message. L'orgueil des juifs a été exposé à travers leur opiniâtreté à l'endroit des paroles de Jésus. Les pharisiens et les scribes démontrèrent leur mépris envers le baptême de Jean en le refusant. L'orgueil est le dédain placé en une chose. Mais ceux qui connaissent la valeur d'une vérité s'humilient. Ceux qui refusent de se conformer à une parole reconnue certaine, à un principe spirituel correct ou à un acte divinement institué et inspiré, expriment le manque d'importance que revêt cette parole, ce principe ou cet acte. La Bible dit : « **mais les pharisiens et les docteurs de la loi, en ne se faisant pas baptiser par lui (Jean), ont rendu nul à leur égard le dessein de Dieu.** » (Luc 7 : 30)

La simplicité avec laquelle nous considérons une chose, le sérieux et la soumission avec lesquels nous nous donnons à une vérité, matérialisent l'importance que nous y plaçons. Et ceux qui ignorent la valeur d'un fait le manifestent par la désaffection, le dégoût et la mésestime à son endroit. L'esprit hautain des pharisiens et des scribes fut mis à nu et à découvert devant l'obéissance aux eaux du baptême. Il s'agissait d'un acte ordonné par le Seigneur, mais pour ces "grands", il ne fallait pas s'humilier devant ce petit venant des coins misérables du désert.

- **L'humilité est l'expression de l'altruisme humain envers son prochain**

« Ne faites rien par esprit de parti ou par vaine gloire, mais que l'humilité vous fasse regarder les autres comme étant au-dessus de vous-mêmes. Que chacun de vous, au lieu de considérer ses propres intérêts, considère aussi ceux des autres. » (Philippiens 2 : 3-4)

Dans un monde dominé par la puissance du matérialisme et de l'individualisme, ceux qui se mettent à la disposition des autres sans tenir compte de leur propre situation, se voient d'un très mauvais œil. Je me rappelle plusieurs frères qui m'ont interpelé à maintes reprises pour me dire de penser d'abord à moi. C'est certain et en penser le contraire, est un grossier mensonge, qu'on ne peut pas aimer l'autre plus que soi-même, cependant, on peut se priver de certains privilèges afin de satisfaire les besoins pressants des autres. L'humilité est la capacité de rechercher les intérêts des autres. Nous sommes conscients de la conscience de soi que les théoriciens des sciences de motivation et de développement personnel promulguent. Mais l'altruisme est la marque de notre vraie identité. Et l'humilité est la traduction de cette recherche du bien de l'autre. J'ai souvent partagé avec les frères ceci : on découvre et on entre dans son propre bonheur en recherchant d'abord celui des autres. Prenons le cas d'une personne qui est profondément en colère contre son frère. Aussi longtemps qu'elle garde et entretient ce ressentiment ou nourrit le manque de pardon, elle demeure vraiment prisonnière de cette personne. En revanche, si elle lui pardonne, elle sera plus en santé émotionnelle et psychologique. En libérant rapidement le pardon, elle se libère elle-même et retrouve sa bonne humeur ainsi que sa sérénité intérieure. Donc l'humilité est l'altruisme humain envers son prochain. C'est la capacité de s'oublier afin de bénir les autres. Et Dieu qui est fidèle s'assurera de bénir la personne qui le fait. La Bible déclare : « **il n'est pas bon de manger beaucoup de miel, mais <u>rechercher la gloire des autres est un honneur</u>**. » (Proverbes 25 : 27)

Recherchez le bien des autres, prioriser les projets des autres, se donner pour l'élévation des autres est un honneur. L'humilité est l'aptitude à penser et agir pour le bien des autres. L'orgueilleux recherche uniquement ses intérêts égoïstes. Pourtant celui qui est humble se met à la disposition des autres. Il recherche leur gloire. L'humilité se démarque aussi par le bien fait aux autres sans attendre une réciprocité. L'humilité se mesure par l'altruisme.

• L'humilité est la fondation de la vie spirituelle profonde

La vie spirituelle commence avec la soumission à Dieu par la foi. La foi est un acte d'humilité. J'ai la ferme assurance que les choses que j'espère avoir dans l'avenir me seront accordées et pour cela, j'apporte ma contribution en croyant. L'humilité est la confiance placée en Dieu. Les orgueilleux et les personnes opiniâtres ne peuvent pas connaitre une vie spirituelle stable. L'humilité est le socle portant la vie spirituelle véritable. La crainte de l'Eternel est le commencement de la sagesse. En d'autres termes, l'humilité est la clé de voûte qui nous ouvre les portes du cœur du Père Céleste. La vie spirituelle véritable puise dans l'humilité.

- **L'humilité est la grandeur qui mesure le degré d'amour pour le prochain**

« Il (l'amour) ne fait rien de malhonnête, il ne cherche pas son intérêt, il ne s'irrite pas » (1 corinthiens 13 : 5)

Les distances émotionnelles légendaires qui existent entre les conjoints, les membres d'une famille, les individus d'un environnement donné, exposent la place que l'humilité y occupe. L'indifférence qui ressort dans la relation avec notre prochain rend compte de la valeur que nous accordons à l'humilité. Les multiples relations brisées inutilement, expliquent une faible présence ou tout simplement l'absence d'humilité. Une relation solide et durable est la preuve de la compréhension de la vertu de l'humilité. Les amitiés fragiles trahissent la carence de cet élément d'importance capitale. J'ai vu plusieurs relations fraternelles après quelques temps d'existence se dissoudre. Pour une petite incompréhension, les amis qui s'étaient comme jurés fidélité prennent immédiatement deux chemins parallèles.

- **L'humilité est la balance qui déclare la mesure exacte de ma capacité de pardonner à mon prochain**

« Elle (la charité) excuse tout, elle croit tout, elle espère tout, elle supporte tout. » (1 corinthiens 13 : 7)

Ma capacité de pardonner à mon frère ou à ma sœur, bref à mon prochain, détermine le niveau d'humilité auquel je me suis identifié. La lenteur à pardonner à son frère où sa sœur indique la mesure que j'accorde à l'humilité. Le ressentiment perd l'insensé. En d'autres termes, le manque de pardon est enraciné dans l'orgueil. Les rancuniers ne connaissent pas le poids de l'humilité. Pour eux, elle est nulle. Jésus enseigne aux disciples de pardonner au tant de fois qu'ils sont offensés. Le pardon rapide, immédiat mesure le niveau élevé d'humilité. L'humilité est l'amour qui déborde dans le pardon sincère, véritable et authentique. Ainsi ceux qui pardonnent facilement, témoignent l'existence forte de l'humilité. Les orgueilleux sont très rancuniers. Or les humbles pardonnent et oublient. L'incapacité de jeter derrière soi ce que l'autre t'a fait révèle l'absence ou une faible dose d'humilité. Elle est la puissance qui commande à la douleur de l'offense de se volatiliser. Elle est la chaleur qui vient fondre la glace de la peine et la souffrance endurées. L'humilité ne justifie pas l'acte malsain posé, au contraire, elle saisit très bien son innocuité, sa nocivité et ses conséquences fâcheuses. Seulement, elle transcende la douleur, car elle est motivée par l'amour.

- ## L'humilité est le but du déploiement humain

« J'ai vu que tout le travail et toute l'habileté dans le travail n'est que jalousie de l'homme à l'égard de son prochain. C'est encore là une vanité et la poursuite du vent. » (Ecclésiaste 4 : 4)

D'après ce passage, le but du labeur, des activités et du travail de l'homme devrait être pour une seule chose : l'humilité. Quelle est la finalité du déploiement humain ? Si l'œuvre humaine ne vise que la provocation à la jalousie, la comparaison et au sentiment de petitesse de l'autre est une grosse vanité, cela signifie que l'humilité est et doit être l'aboutissement du travail acharné de l'homme. Quel est le but des études dans ma vie ? Est-ce pour montrer aux autres que j'ai aussi un parcours académique élogieux ? Qu'est-ce que je cherche à atteindre en travaillant dur pour gagner de l'argent ? Est-ce pour prouver à ceux qui pensaient que je ne pourrai jamais sortir ma tête de l'eau que j'en suis capable ? Les âmes que je conduis à Christ dans mon assemblée, est-ce pour être vu, apprécié et respecté des autres et de la hiérarchie ? La Bible dit que si tout mon dur labeur, toutes mes actions et tous mes accomplissements (domaine financier, matériel, social, ecclésiastique, etc.) ont pour objectif ultime l'excitation à la jalousie, à la haine, à l'envie, à la convoitise, à la vantardise, à l'arrogance et à l'orgueil, alors tout cela est nul. Donc tout déploiement humain qui ne vise pas l'humilité comme sa piste d'atterrissage ne compte pas aux yeux de Dieu. Si l'orgueil en est la finalité, alors cela ne sert à rien. Mon déploiement n'a de la valeur que si l'humilité est la force qui l'entraine et le but qu'il vise.

- **L'humilité est la marque par laquelle je manifeste ma compréhension et l'acceptation de mon prochain**

Nous n'avons pas tous une même capacité de réflexion, de compréhension ou d'attention. Pour certains, à peine une chose est dite qu'ils en ont déjà saisi la substance. Pour d'autres, il faut un temps relativement long pour cerner ce qui est dit ou fait. Pour ces derniers, il faut de la patience et du soutien. La Bible affirme : « **Nous devons donc, nous qui sommes forts, supporter les infirmités (les lacunes, les manquements, les difficultés) des faibles (ceux qui n'ont pas la même aptitude que nous), et non pas chercher notre propre satisfaction. Que chacun de nous donc ait de la condescendance pour son prochain, et cela pour le bien et pour l'édification. »** (Romains 15 : 1-2)

L'humilité est la marque qui matérialise mon soutien et mon acceptation de l'autre jusqu'à ce que Christ soit pleinement formé en lui. L'attitude méprisante, l'impatience et l'exhibition des compétences personnelles devant l'autre proviennent d'un cœur orgueilleux et arrogant. Les ragots sont la proclamation du rejet de l'autre. Ils sont l'expression de l'exclusion de son prochain. L'acceptation, la proximité et le rapprochement sincère de l'autre démontrent la présence de l'humilité.

- **L'humilité est la vérité sur ma considération de l'autre**

Un des instruments qui font ressortir la réalité de mon attachement à l'autre est l'humilité. Il est très facile de dire qu'on considère fortement son frère ou sa sœur. Mais l'humilité est la lumière qui prouve cela. La médisance est le langage trahissant le mensonge dissimulé dans l'hypocrisie concernant la considération portée à son frère ou sa sœur. Elle exprime le mépris qu'on a envers l'autre. L'humilité met à nu la véritable considération envers son prochain.

Jean Baptiste a démontré la vérité de son cœur à l'égard du Seigneur Jésus quand ses disciples sont venus le voir pour lui dire ce que Christ faisait. Sa réponse est très saisissante. Lisons-là : « **Vous-mêmes m'êtes témoins que j'ai dit : Je ne suis pas le christ, mais j'ai été envoyé devant lui. Celui à qui appartient l'épouse, c'est l'époux ; mais l'ami de l'époux, qui se tient là et qui l'entend, éprouve une grande joie à cause de la voix de l'époux : aussi cette joie, qui est la mienne, est parfaite. Il faut qu'il croisse, et que je diminue.** » (Jean 3 : 28-30)

Jean était humble de par sa volonté forte, sa capacité de rester dans sa position (son domaine d'activité, son ministère), de reconnaitre les grâces libérées dans la vie de l'autre, et surtout de l'apprécier agréablement.

> ● **L'humilité est un agrégat qui mesure le niveau jusqu'où l'humain prend conscience de son origine véritable**

L'indépendance envers Dieu renseigne sur la profondeur de l'orgueil dans laquelle une personne se trouve plongée. L'athéisme est un courant satanique qui expose l'arrogance et l'autodéification humaine. Le refus d'admettre son origine rend compte d'une vie plongée dans le monde de l'orgueil. L'humilité est l'acceptation humaine de son origine authentique. Nous venons tous de Dieu. Nous avons aussi des origines physiques très claires. Ceux qui camouflent leur source physique ou spirituelle démontrent leur cœur présomptueux. La conscience et l'acceptation de ses origines est une marque d'humilité.

- **L'humilité est la reconnaissance continuelle à Dieu pour toutes grâces reçues**

Au jardin d'Eden avant la chute, Dieu avait donné à l'Homme le pouvoir, l'autorité et des richesses infiniment grandes. L'humilité était la gratitude incessante de l'Homme envers Son pourvoyeur en tout. L'orgueil est l'ingratitude luciférienne exprimée à l'endroit de Dieu. L'arrogance est l'incapacité de reconnaitre Dieu en tant qu'auteur de tous les biens dont on dispose. C'est l'abus fait aux grâces divines reçues. L'humilité était l'élément qui maintenait l'intimité avec Dieu. La Bible dit que toute grâce excellente et tout don parfait descendent d'en haut, du Père des lumières, chez lequel il n'y a ni changement ni ombre de variation. Nous recevons des choses de Dieu même si elles passent généralement par d'autres individus ; mais nous nous comportons comme si Dieu n'a aucun rapport avec cela. La jouissance orgueilleuse de celles-ci est la preuve suffisante de notre ingratitude envers Dieu. Elle marque l'absence d'humilité. Combien de personnes se vantent de leur beauté, de leur sagesse, de leur magnifique forme physique, de leur patrimoine et en disposent à leur guise, sans aucun égard pour la personne de Dieu ? Ma reconnaissance continuelle démontre mon humilité. Et mon ingratitude expose mon arrogance.

• L'humilité est la courroie qui entretient la relation entre le divin et l'humain

Dieu résiste aux orgueilleux et fais grâce aux humbles. En d'autres termes, les arrogants n'ont pas de relation avec le Seigneur. Ils se suffisent tellement qu'ils n'ont pas besoin de Dieu. Ceux qui commettent le suicide le font parce qu'ils ne connaissent pas le Seigneur. Ils ignorent le chemin qui mène à Dieu. Leur rengorgement les pousse à mettre fin à leur vie. L'absence de la communion avec le Seigneur basée sur la connaissance de Sa personne est un gros préjudice pour le fanfaron. Les humbles connaissent le Seigneur. Ils ont une intimité avec Dieu. Et l'humilité est le lien qui entretient et protège cette relation avec le Seigneur.

- **L'humilité est le chemin de la grandeur selon Dieu**

L'humilité est une semence dont le Seigneur apprécie la présence dans une vie. Quand une personne s'identifie à l'humilité, elle a choisi le chemin de la grandeur validée par Dieu. Le monde valide les orgueilleux. Les prétentieux s'assoient avec les grands de ce monde ; mais les humbles partagent la table avec les grands selon Dieu. Dieu abaisse les arrogants, mais Il élève les simples. Le monde apprécie et approuve le succès obtenu quel que soit le moyen ; mais

Dieu valide un succès en tenant compte du moyen utilisé et du motif qui l'a généré. Si pour le monde, tous les moyens sont bons pourvu qu'ils soient efficaces, pour les humbles, Dieu donne Son verdict favorable en validant d'abord le mobile et le moyen utilisé. Ainsi toute grandeur atteinte par des moyens distordus est un échec. L'humilité est donc le chemin de la grandeur assermentée par le Jury Divin.

• L'humilité est la balance sur laquelle se pèse l'amour de l'un envers l'autre

L'amour conditionnel meurt faute de présence continuelle des critères qui lui avaient donné naissance. Le vrai amour se trouve dans l'inconditionnalité. Il faut de l'humilité pour continuer d'aimer même quand les éléments requis ne sont plus là. Elle est donc la balance qui mesure le type d'amour envers l'autre mis en branle.

• L'humilité est le miroir qui projette le but ultime du succès

Derrière chaque victoire se cache une intention. Il y a toujours un motif qui sous-tend la recherche de réussir. Chaque déploiement humain à obtenir un succès vise un but ultime. Le mobile peut être : valider sa crédibilité aux yeux des autres ; démontrer aux autres qu'on est quelque chose ; asseoir son autorité ; exemplariser l'importance de sa personne ; glorifier Dieu ; honorer ses parents ; satisfaire une ambition personnelle ; révéler sa force de frappe ; prouver aux autres qu'on est digne de respect, d'honneur et de révérence ; pousser les amis et les connaissances à reconnaitre ton existence significative ; prouver qu'on n'est pas la lavasse que les autres ont pensé de nous ; etc. L'humilité est le miroir qui fera ressortir cela. Certes, nous sommes sur terre pour accomplir quelque chose de grand, de bénéfique et de glorieux pour nous-même, auprès des autres et pour les autres. L'humilité projette la finalité de chaque succès que nous recherchons.

- **L'humilité est la semence divine enfouie dans l'être de l'homme**

Une des semences divines imparties en l'homme au début quand Dieu créa l'homme est l'humilité. Connaissant son importance capitale, le diable vint et à travers son stratagème, la vola et la remplaça par l'orgueil. L'humilité est une graine de Dieu enfouie dans l'être de l'homme. Celui qui est humble s'identifie à Dieu. L'humilité est un trait caractéristique de notre ressemblance au Seigneur. L'orgueil est une semence satanique, tout comme la simplicité est la semence de Dieu.

- **L'humilité est la vitrine qui expose les motifs du labeur humain à l'égard des autres**

« J'ai vu que tout le travail et toute l'habileté dans le travail n'est que jalousie de l'homme à l'égard de son prochain. C'est encore là une vanité et la poursuite du vent. » (Ecclésiaste 4 : 4)

Ce passage nous révèle un des motifs derrière le travail des hommes : la jalousie. Autrement dit, tout labeur humain vise quelque chose. Les mouvements humains naissent du désir de se comparer aux autres. On se bouscule pour prouver aux autres qu'on est aussi quelque chose sur terre. L'humilité expose les mauvais ou les bons motifs derrière le travail de chaque personne.

• L'humilité est l'objet de la dévotion divine en l'homme

Dieu se nourrit de l'humilité. Elle est l'aliment que le Père apprécie fort merveilleusement. Ceux qui veulent plaire à Dieu revêtent la tunique qu'Il délecte. Ceux qui s'attendent à ce que le Seigneur prenne plaisir à leur personne, leur vie et leur œuvre, doivent s'identifier à l'humilité. Elle est l'objet de délectation divine. Elle est l'élément que le Seigneur chérit et le pousse à s'offrir à l'homme. Le Seigneur Jésus dans son incarnation, faisait le délice du Père grâce à la simplicité de sa personne et l'humilité de sa vie terrestre. L'orgueil est la matière fécale que Dieu hait d'une parfaite haine. Dieu résiste aux orgueilleux parce qu'Il abhorre l'orgueil. C'est un objet qui offense profondément le cœur du Père. Quand le Seigneur le voit dans notre cœur, Il est sérieusement affecté. L'orgueil afflige le cœur de Dieu. L'humilité au contraire, réjouit Son cœur. Ceux qui sont humbles trouvent faveur aux yeux de Dieu. Ils lui sont agréables. Dieu savoure un cœur humble. Il fait grâce aux humbles parce que ceux-ci se sont identifiés avec ce qu'Il aime. Ainsi ceux qui veulent que Dieu prenne plaisir à leur vie, doivent renoncer à l'orgueil et revêtir l'humilité.

• L'humilité est le critère de validation devant Dieu

Le don est la conséquence d'un élément ou des critères requis satisfaits. Jacques dit que nous demandons et nous ne recevons pas parce que nous demandons mal. Nous demandons pour assouvir et satisfaire la vaine gloire. Nous ne recevons pas parce que nous voulons servir l'orgueil. Dieu rejette nos requêtes quand nos prières sont motivées par le désir de s'enorgueillir et de prouver aux hommes qu'on vaut quelque chose. L'humilité est l'un des critères à remplir pour qu'une demande soit validée et accordée. Le Père n'avait jamais refusé la demande que le Fils lui avait présentée pendant sa mission sur terre. L'humilité qui caractérisait Sa personne constituait le critère satisfaisant. Si Dieu résiste aux orgueilleux, c'est parce que ceux-ci ne remplissent pas le critère crucial. Il fait grâce aux humbles, car ces derniers remplissent ce critère.

- **L'humilité est la carte qui autorise la banque céleste de s'exécuter**

Encore le cœur du Père se laisse facilement fléchir devant un cœur humble. Ceux qui veulent trouver faveur aux yeux de Dieu doivent intégrer la vertu de l'humilité. L'histoire de Manassé est très frappante à ce niveau. Un idolâtre caractérisé obtient la grâce de Dieu à la dernière courbe de sa vie. Lisons : « **Manassé avait douze ans lorsqu'il devint roi, et il régna cinquante-cinq ans à Jérusalem. Il fit ce qui est mal aux yeux de l'Eternel, selon les abominations des nations que l'Eternel avait chassées devant les enfants d'Israël. Il rebâtit les hauts lieux qu'Ezéchias, son père, avait renversés ; il éleva des autels aux Baals, il fit des idoles d'Astarté, et il se prosterna devant toute l'armée des cieux et la servit. Il bâtit des** autels à toute l'armée des cieux dans les deux parvis de la maison de l'Eternel. Il fit passer ses fils par le feu dans la vallée des fils de Hinnom ; il observait les nuages et les serpents pour en tirer des pronostics, il s'adonnait à la magie, et il établit des gens qui évoquaient les esprits et qui prédisaient l'avenir. Il fit de plus en plus ce qui est mal aux yeux de l'Eternel, afin de l'irriter. <u>Lorsqu'il fut dans la détresse, il implora l'Eternel, son Dieu, et il s'humilia profondément devant le Dieu de ses pères. Il lui adressa ses prières ; et l'Eternel, se laissant fléchir, exauça ses supplications, et le ramena à Jérusalem dans son royaume. Et Manassé reconnut que l'Eternel est Dieu.</u> » (2 chroniques 33 : 1-3, 5, 12-13)

L'humilité lui avait donné accès au cœur du Père. Elle disposa favorablement le cœur du Père à intervenir dans la vie et la situation déplorable de ce roi idolâtre. Aussi longtemps que l'orgueil est le motif derrière nos prières et nos réclamations, nous aurons Dieu comme obstacle. Mais quand l'humilité est présente, la carte bancaire et le code sont fournis pour bénéficier de Ses grâces.

- **L'humilité est la balance qui donne la mesure exacte d'une chose**

On ne peut avoir une nette appréciation de nous-mêmes qu'à l'aide de l'humilité. C'est une lumière divine relâchée dans la vie de l'homme pour lui permettre de se définir correctement et objectivement. Elle me dit ce que je vaux réellement. Elle détermine ma vraie valeur et mon poids réel.

- **L'humilité est la capacité divine de rechercher la gloire de l'autre**

« Il n'est pas bon de manger beaucoup de miel, mais rechercher la gloire des autres est un honneur. » (Proverbes 25 :27)

Dans un monde où le capitalisme et l'individualisme fortement marqués par la pensée démoniaque du matérialisme, il est difficile de retrouver des personnes qui se donnent aux autres afin de les voir réussir. De nos jours, à peine une personne se met à la disposition de l'autre en vue de son élévation, qu'elle est reprise et traitée de stupide, de dupe et d'inconsciente. L'utilitarisme est désormais le motif derrière chaque mouvement et toute action de gentillesse. Combien de personnes pensent à la gloire des autres sans d'abord penser à leur gloire propre ? C'est cette tendance qui a donné naissance au proverbe qui dit : ''la bonne charité commence par soi-même.'' C'est vrai mais ce n'est pas là un langage d'humilité. Certes, on doit s'aimer d'abord pour enfin véritablement aimer l'autre, mais la question est : combien de personnes peuvent s'oublier à des moments critiques afin de privilégier l'honneur des autres ? L'humilité est l'aptitude qu'a une personne à élever l'autre sans qu'elle soit nécessairement vue. Le Seigneur a œuvré pour la gloire du Père. Il dit notamment : « **Je t'ai glorifié sur la terre, j'ai achevé l'œuvre que Tu m'as donnée à faire.** » (Jean 17 : 4)

En tant que disciples accomplis, nous devons agir comme Lui. Mon humilité dépend de ma capacité de rechercher la gloire des autres. Je suis autant humble que je recherche l'élévation de l'autre. Mon niveau d'humilité est déterminé par le niveau jusqu'où je vais dans la recherche de la gloire du Seigneur et celle des autres. Le pourcentage d'humilité d'une personne correspondra au pourcentage de la mort à la recherche de la gloire propre.

- **L'humilité est l'instrument de comparaison entre les individus à l'égard de Dieu**

Ceux qui aiment Dieu se reconnaissent par l'humilité. La crainte de l'Eternel est le commencement de la sagesse. Ceux qui n'aiment pas le Seigneur se reconnaissent également. L'orgueil ou l'humilité constituent l'instrument au travers duquel on identifie ceux qui révèrent le Seigneur et ceux qui n'ont aucun égard à Son endroit. L'humilité est le checkpoint où la place de Dieu dans la vie des hommes ressort. La connaissance de Dieu est mesurée par l'humilité ; et l'orgueil est l'ignorance envers le Créateur. Ainsi pour comparer deux personnes à l'égard de Dieu, l'humilité est un indicateur de performance qui fera ressortir la nette différence. Si la crainte de l'Eternel est le commencement de la sagesse, alors une marque de grande sagesse est l'humilité. Ce n'est pas celui qui exhibe orgueilleusement les connaissances théologiques, livresques et des discours habilement conçus qui fait montre de sagesse. Celui qui craint l'Eternel lui est bien loin supérieur. Toute connaissance théologique sans humilité se résume en une équation dont le résultat est nul.

- **L'humilité est l'ultime test pour entrer dans l'éternité avec Dieu**

« Rapporteurs, médisants, impies, <u>arrogants</u>, <u>hautains</u>, <u>fanfarons</u>, ingénieux au mal, rebelles à leurs parents, dépourvus d'intelligence, de loyauté, d'affection naturelle, de miséricorde. Et, bien qu'ils connaissent le jugement de Dieu, déclarant digne de mort ceux qui commettent de telles choses, non seulement ils les font, mais ils approuvent ceux qui les font. » (Romains 1 : 30-32)

Si l'orgueil enverra les gens en enfer, alors l'humilité est un test ultime auquel tout disciple doit passer. Les dernières minutes qui séparent notre corps de notre âme sont capitales. Nous devons maximiser ces derniers moments en réglant la question de l'humilité. Si l'humilité a ramené notre Maitre dans Sa gloire, nous, en tant que ses disciples, devons passer aussi par le même chemin. L'humilité est notre dernier test pour garantir l'éternité avec Dieu.

- **L'humilité est une force vertueuse promouvant l'Humain**

« La crainte de l'Eternel enseigne la sagesse, et l'humilité précède la gloire. » (Proverbes 15 : 33)

Le chemin de l'ascension dans la vie est l'humilité. C'est une force vertueuse capable de propulser l'homme très haut. Celui qui s'identifie à l'humilité a pris la porte de la victoire. L'orgueil est le sentier de l'échec. L'humilité favorise l'élévation de l'homme. Elle est une force promouvant la personne humble. L'humilité fait la publicité d'une personne simple. Le chemin de la grandeur le plus autorisé est l'humilité. Christ est mort par humilité et cela lui a donné un nom éternel devant lequel tout fléchit. « **C'est pourquoi aussi Dieu l'a souverainement élevé, et lui a donné le nom qui est au-dessus de tout nom ; afin qu'au nom de Jésus tout genou fléchisse dans les cieux, sur la terre et sous la terre.** » (Philippiens 2 : 9-10)

- ### **L'humilité est le choix divin donné à l'homme pour déterminer sa destinée éternelle**

Chacun détermine sa destinée finale en choisissant une des deux voies qui s'offrent à lui. Soit de l'humilité qui conduit à Dieu ; soit de l'orgueil qui mène chez Satan ; soit de l'humilité qui mène au ciel soit de l'orgueil qui mène dans le lac de feu, l'enfer.

- ### **L'humilité est la pièce à conviction pour obtenir la validation divine**

L'une des choses auxquelles Dieu porte fermement son attention, c'est la place que l'humilité occupe dans le cœur de celui qui se présente à lui. Le publicain reçut faveur devant le Seigneur grâce à son cœur humble ; mais le pharisien repartit les mains vides. Je me demande quelle chaire aurait le pharisien ou le publicain dans nos communautés chrétiennes aujourd'hui. C'est fort probable qu'après la présentation du profile de chacun, on donnerait une place honorifique au pharisien. Lisons ce que dit le Seigneur Jésus :

« Deux hommes montèrent au temple pour prier ; l'un était pharisien, et l'autre publicain. Le pharisien, debout, priait ainsi en lui-même : O Dieu, je te rends grâces de ce que je ne suis pas comme le reste des hommes, qui sont ravisseurs, injustes, adultères, ou même comme ce publicain ; je jeûne deux fois la semaine, je donne la dîme de tous mes revenus. Le publicain, se tenant à distance, n'osait même pas lever les yeux au ciel ; mais il se frappait la poitrine, en disant : O Dieu, sois apaisé envers moi, qui suis un pécheur. Je vous le dis, celui-ci descendit dans sa maison, justifié, plutôt que l'autre. Car quiconque s'élève sera abaissé, et celui qui s'abaisse sera élevé. » (Luc 18 : 10-14)

Le Seigneur est-il contre le jeûne, les dîmes, les offrandes, la morale ? Non pas du tout ! Ces choses sont bonnes, mais l'orgueil qui les accompagne les dénature et annule leur valeur. Le pharisien a présenté l'orgueil comme une pièce à conviction pour valider sa position devant Dieu, mais il fut désagréablement surpris. Or le publicain présenta son cœur humble et sincère et il fut acquitté.

- **L'humilité est la clé qui donne accès aux faveurs et grâces divines**

Si Dieu fait grâce et accorde des faveurs aux humbles, c'est certainement parce qu'ils ont trouvé la clé qui donne accès à Son cœur. L'humilité est semblable à une clé qui facilite l'accès à l'entrepôt du Père. Grâce à elle, les faveurs divines sont déclenchées. Par elle, les grâces divines sont disponibles. L'humilité relâche les bénédictions d'en-haut.

- **L'orgueil est la puissance satanique qui égare et tue**

« Ta présomption, l'orgueil de ton cœur t'a égaré, toi qui habites le creux des rochers, et qui occupes le sommet des collines. Quand tu placerais ton nid aussi haut que celui de l'aigle, je t'en précipiterai, dit l'Eternel. » (Jérémie 49 : 16)

L'orgueil est un bandeau noir placé sur les yeux d'une personne. Il l'aveugle et la conduit facilement au précipice. L'une des puissances sataniques hâtant la chute et précipitant la perte d'une personne est l'orgueil. Or l'humilité est la puissance divine protégeant et préservant la vie humaine. Les orgueilleux meurent facilement, mais les humbles échappent aux pièges de Satan. L'humilité est réputée pour sa capacité de prémunir et de conserver sur le droit chemin une personne. L'orgueil est le cancer dénichant et rongeant une personne hautement placée.

- **L'humilité est une puissance désarmant le courroux**

« Lorsqu'il fut dans la détresse, il implora l'Eternel, son Dieu, et il

s'humilia profondément devant le Dieu de ses pères. Il lui adressa ses prières ; et l'Eternel, se laissant fléchir, exauça ses supplications, et le ramena à Jérusalem dans son royaume. Et Manassé reconnut que l'Eternel est Dieu. » (2 chroniques 33 : 12-13)

La colère du Seigneur se désarme devant l'humilité. Elle est une force redoutable pour sortir du collimateur de Dieu. Elle courtise le cœur du Père. Ezéchias a obtenu quinze années supplémentaires grâce à l'humilité.

- ## **L'humilité est l'ingénierie divine la plus impénétrable**

Christ est mort par humilité afin de racheter l'humanité déchue. L'humilité est la conscience humaine à l'égard de Dieu. Si l'homme était le seul humain vivant sur terre, quelle serait la valeur de l'humilité ? Imaginez-vous seul dans une île inhabitée. Vous êtes tout seul sans votre alter égo, quelles seraient les pensées de votre cœur ? comment vous comporteriez-vous devant les animaux et les oiseaux ? avez-vous remarqué que chaque fois qu'une personne entretient une pensée orgueilleuse, c'est toujours en relation avec l'homme ! l'orgueil est la conscience de la supériorité humaine (moi) à l'égard de son prochain. Et si le prochain n'est pas là, alors l'arrogance et l'effronterie meurent. Au fait, c'est la fierté est la perte de conscience de Dieu et la fixation sur l'homme. L'orgueil est l'échec de la conscience humaine forte de Dieu, et l'humilité la puissance de la conscience humaine totalement dédiée au créateur. Ceux qui ne voient que les hommes seront toujours orgueilleux. L'arrogance est la déification de la créature et l'objectification du créateur. Quand on a perdu la conscience de la personne de Dieu, l'orgueil et la fanfaronnade sont inévitables. La mort au moi est le chemin qui conduit à la conscience prégnante de Dieu. Donc l'humilité est le retour à la conscience du Seigneur.

- **L'humilité est la reconnaissance de la petitesse de son humanité**

« Job répondit à l'Eternel et dit : voici, je suis trop peu de chose ; que te répliquerai-je ? Je mets la main sur la bouche. » (Job 40 : 3-4)

La vraie grandeur humaine, c'est son humilité. C'est la reconnaissance de la petitesse de son humanité à l'égard de la puissance incroyable de Dieu. Celui qui voit Dieu correctement, reconnait sa petitesse. Nous pouvons jouer au personnage important devant les frères et les sœurs, les amis et les voisins. Mais devant Dieu, notre petitesse humaine est exposée. Nous nous voyons vraiment tels que nous sommes. L'humilité est cette lumière divine libérée dans notre homme intérieur qui pousse à arrêter la folie de l'orgueil.

• L'humilité est l'exaltation de la grandeur divine

La proclamation de la suprématie divine est l'expression de notre humilité imparable. Celui qui exalte Dieu manifeste un acte d'adoration. L'humilité est l'acte d'adoration à Dieu. C'est la célébration de la grandeur divine. C'est la reconnaissance de la puissance divine.

- **L'humilité est la grandeur qui mesure le fonctionnement dans son domaine**

« Or, à chacun la manifestation est donnée pour l'utilité commune. » (1 corinthiens 12 : 7)

L'aptitude à fonctionner dans son domaine est une marque de la valeur qu'on y place. On sait que Dieu n'est pas un mauvais Père. Il donne à chacun une part qui lui est nécessaire. (Dieu le Père, Dieu le fils et Dieu le Saint-Esprit travaillent chacun suivant leur itinéraire personnel puis collectif). Les disputes et les bagarres pour tel ou tel poste dans l'Eglise témoignent de la présence du moi, de l'orgueil. Ceux qui abandonnent leur domaine parce que disent-ils, ce n'est pas un des plus prisés dans le corps de Christ, pour fonctionner dans celui des autres ne connaissent pas la vertu de l'humilité. L'humilité implique qu'on accepte son appel et y fonctionne correctement. La capacité de demeurer dans son ministère est une marque d'humilité.

- **L'humilité est la jouissance de la grâce divine sans comparaison ni plaintes**

« Aussitôt celui qui avait reçu les cinq talents s'en alla, les fit valoir et il gagna cinq autres talents. De même, celui qui avait reçu deux talents en gagna deux. » (Matthieu 25 : 16-17)

Les plaintes sont l'expression la plus élevée du mécontentement envers Dieu. L'humilité est la capacité de jouir ce qu'on a reçu sans le comparer, ni s'en plaindre. Notre niveau d'humilité est mesuré par la jouissance immédiate de ce qu'on reçoit sans perdre du temps à regarder, à considérer d'abord ce que mon frère reçoit. Ceux qui veulent savoir ce que les autres ont reçu avant de savourer ce qui leur a été donné ont un cœur qui n'est pas trop correct. Aussitôt que chacun de ces deux serviteurs reçut sa part, il se mit à s'en servir. Cela démontre l'état faste de leur cœur à l'égard du don et du donateur. Ils se mirent à jouir du lot qu'ils avaient obtenu du maitre sans se plaindre.

- **L'humilité est l'appréciation des dons divins reçus sans rapprochement avec ceux des autres**

« **Il donna cinq talents à l'un, deux à l'autre, et un au troisième, à chacun selon sa capacité, et il partit.** » (Matthieu 25 : 15)

La convoitise est le mépris envers les dons reçus et rapprochés avec ceux des autres. Elle est l'ignorance concernant l'adéquation entre les dons et les aptitudes disponibles. Elle est aussi la marque de la méconnaissance des ressources allouées et les objectifs à atteindre. C'est la dépréciation qui conduit une personne à vouloir ce qui est à l'autre. Lucifer convoita le poste de Dieu. Il voulut être au même pied d'égalité que Son créateur. Non seulement il avait développé une pensée de supériorité par rapport à tous les autres anges de Dieu, il échafauda un plan qui fut celui d'égaliser la Déité. Il ne se contenta pas de toutes les grâces qu'il avait reçues. Il réclama l'impossible. Il rechercha le trône de Celui qui lui avait donné naissance. Nous voyons au travers du passage ci-dessus que Dieu donne à chacun quelque chose. Chaque être humain a reçu de Dieu une portion bénéfique pour sa jouissance personnelle et pour l'enrichissement des autres. L'attitude que nous avons à l'égard de ce paquet divin que nous recevons détermine notre reconnaissance envers le Seigneur. Bien que les dons de Dieu ne soient pas équitablement attribués, nous devons apprécier la part qui nous a été échue sans la comparer avec celle de l'autre. L'humilité est la capacité à jouir de la part échue sans rapprochement à celle de l'autre. Si chaque fois que tu reçois une chose, tu la confrontes d'abord avec celle de ton frère, ton ami, ton voisin avant de l'apprécier, alors tu manifestes un complexe qui puise dans le manque d'humilité.

CHAPITRE 2- LE DIEU TRINITAIRE ET L'HUMILITE

« Il y a diversité de dons, mais le même <u>Esprit</u> ; diversité de ministères (services), et le même <u>Seigneur</u> ; diversité d'opérations, mais le même <u>Dieu</u> opère tout en tous. » (1Corinthiens 12 :4-6)

Quelle relation existe-t-il entre les trois personnes de la Déité ? Est-ce une relation de jalousie, de concurrence, de vantardise, de comparaison de ce que l'une fait en rapport avec l'autre pour déterminer sa grandeur ou sa petitesse à l'égard de l'autre ? Le passage nous fournit une vérité précieuse sur les trois entités de la Déité divine. L'apôtre Paul ici associe la gratification des dons de grâces au Saint-Esprit. Il attribue le don de ministères au Seigneur

Jésus et les opérations à Dieu le Père. Il y a deux choses intéressantes dans ce texte. La première concerne la nature de la relation ; et la deuxième l'attitude de chacune des entités à l'égard de sa fonction et non en rapport avec l'autre ou la fonction de l'autre.

<h3 style="text-align:center">• L'humilité, une marque de l'harmonie entre les trois entités de la Déité</h3>

La relation qui caractérise les composantes de la Déité est la parfaite harmonie. L'harmonie est une grandeur qui mesure le lien faste entre les éléments d'un même environnement. L'humilité est une marque de cette harmonie parfaite. Le terme humilité se définit comme la reconnaissance de l'existence de l'autre qui consiste à exister normalement sans porter préjudice à l'autre. Dans le texte, on voit que Dieu le Saint-Esprit dispose la chambre froide de tous les dons (le don est une grâce divine, une semence divine, une ressource destinée à créer de la valeur) et c'est Lui qui a la prérogative de les attribuer. Nous remarquons aussi que Dieu le Fils (le Seigneur Jésus) détient l'entrepôt de ministères ou de services (le service est une unité minimale qui mesure la valeur produite par un don accordé à un individu) et c'est Lui qui est charger de les départir. Également, nous notons que Dieu le Père possède les clés du magasin de toutes les opérations (l'opération est l'expression et la latitude donnée au ministère de valoriser le don spécifique reçu) et c'est Lui qui est chargé d'en donner. Autrement dit le Saint-Esprit accorde un don, le Fils l'emballe et le Père le sert. Que c'est beau ! pour représenter cela, prenons l'exemple d'une usine de production. Il y a d'un côté ceux qui produisent, puis ceux qui conditionnent et en fin ceux qui vendent les articles finis. L'harmonie entre les trois unités est formidable. Il n'y a jamais eu de crise de jalousie entre Dieu le Père et Dieu le Fils. La Bible ne nous rapporte pas non plus un différend entre le Fils et le Saint-Esprit. Au contraire, il y a toujours un rapport de respect, d'affection, de bonne disposition entre les trois. Quand il fallait que le Fils vienne dans ce monde, le Père avait pris une décision, et le Fils obéit tout simplement et avec joie. Et lorsque le

Fils devait retourner dans son siège de gloire, le Père demanda au Saint -Esprit qui obéit sans rechigner. **« Mais le consolateur, l'Esprit-Saint, que le Père enverra en mon nom, vous enseignera toutes choses, et vous rappellera tout ce que je vous ai dit. »** (Jean 14 :26)

« J'entendis la voix du Seigneur (Dieu le Père), disant : qui enverrai-je, et qui marchera pour nous ? Je (le Seigneur Jésus Christ) répondis : Me voici, envoie-moi. » (Esaïe 6 : 8)

« Dieu, en effet, n'a pas envoyé son Fils dans le monde pour qu'il juge le monde, mais pour que le monde soit sauvé par Lui. » (Jean 3 : 17)

« Ils ôtèrent donc la pierre. Et Jésus leva les yeux en haut, et dit : Père, je te rends grâce de ce que Tu m'as exaucé. Pour moi, je savais que tu m'exauces toujours ; mais j'ai parlé à cause de la foule qui m'entoure, afin qu'ils croient que c'est toi qui m'as envoyé. » (Jean 11 : 41-42)

Nous voyons très clairement la nature de la relation qui existe entre le Père, le Fils et le Saint-Esprit. L'humilité est la marque de la relation entre Dieu le Père, Dieu le Fils, Dieu le Saint-Esprit. Quand le Père veut faire quelque chose, le Fils se dispose toujours pour le faire. Quand le fils demande quelque chose, le Père le lui accorde toujours. Dans le passage de jean 11, mentionné ci-dessus, Jésus parle un peu ouvertement de la vie au ciel entre Son Père et Lui. Il dit notamment : pour moi, je savais que tu m'as **toujours** exaucé. En d'autres termes, Père, je te prie afin qu'ils apprennent ce qui se passe entre nous au ciel. Ils ne savent pas qu'entre nous, la disposition mutuelle sans regarder à qui reçoit la gloire ou qui ne la reçoit pas est l'élément distinctif de notre relation. Ils ne savent pas que l'humilité est la marque de ce rapport d'accessibilité, de disponibilité, de respectabilité et de recevabilité.

Donc l'humilité est le gage de la relation harmonieuse, de la relation paisible, sereine et respectueuse qui existe entre les trois personnalités de la Déité. La soumission totale, la disposition totale, l'obéissance totale, l'entente absolue, la complicité parfaite, l'ouverture totale, la communion totale, la compréhension totale sont les éléments qui assurent l'indivisibilité parfaite de la trinité divine. Si l'orgueil est la source de l'inimitié ou des tensions entre deux entités, l'humilité, elle, est la source qui mesure l'harmonie, la paix, la tranquillité et la sérénité entre elles. Sachant donc qu'entre Dieu le Père et Dieu le Fils, il n'y a jamais eu de tohubohu. Voyant clairement qu'entre Dieu le Fils et Dieu le Saint-Esprit, il n'y a aussi jamais eu de heurts ; remarquant pareillement qu'entre Dieu le Père et Dieu le Saint-Esprit, il n'y a jamais eu de tensions, de désaccords, alors nous pouvons affirmer que l'humilité est la marque du lien harmonieux, paisible et convivial qui existe entre les membres de la Déité.

Le Fils effectue le travail du Père et pour la gloire du Père. « **Je t'ai glorifié sur la terre. J'ai achevé l'œuvre que Tu m'as donnée à faire.** » (Jean 17 : 4).

Le Saint-Esprit fait l'œuvre du Fils et pour le Fils. « **Mais le consolateur, l'Esprit-Saint,** que le Père enverra en mon nom, vous enseignera toutes choses, et vous rappellera tout ce que je vous ai dit. » (Jean 14 : 26)

« Pendant qu'ils servaient le Seigneur dans leur ministère, le Saint-Esprit dit : mettez-moi à part Barnabas et Saul pour l'œuvre à laquelle je les ai appelés. » (Actes 13 : 2)

Le Père fait l'œuvre du Fils et pour le Fils. « Et tout ce qui est à moi est à toi, et ce qui est à toi est à moi ; et je suis glorifié en eux. Je ne te prie pas de les ôter du monde, mais de les préserver du mal. Sanctifie-les par ta vérité : ta parole est la vérité. » (Jean 17 : 10, 15, 17)

Voilà l'image de l'humilité dans sa manifestation la meilleure ! Chacun fait le travail de l'autre, pour l'autre et pour tout le monde dans un esprit de reconnaissance. L'humilité est vraiment le symbole qui distingue la parfaite entente entre Dieu le Père, Dieu le Fils et Dieu le Saint-Esprit.

- **L'humilité, la conscience prégnante
à l'égard du paquet dont on dispose**

« Il y a diversité de <u>dons</u>, mais le même <u>Esprit</u> ; diversité de <u>ministères</u> (services), et le même <u>Seigneur</u> ; diversité d'<u>opérations</u>, mais le même <u>Dieu</u> opère tout en tous. » (1Corinthiens 12 :4-6)

Tous les dons qui existent sortent d'un entrepôt céleste dont le responsable est le Saint-Esprit. C'est le même Esprit qui accorde tous les dons. L'humilité est la conscience prégnante à l'égard de ce dont on dispose. Le Saint-Esprit est conscient du paquet dont Il dispose. Le Fils est conscient du cadeau dont il dispose et le Père est conscient du bien dont il dispose. Chaque entité est saisie par ce qu'elle a. le Saint-Esprit ne convoite pas ce que le Fils a. Le père ne convoite pas ce que le Fils détient. Le Saint-Esprit n'admire pas avec un désir de posséder ce qui est au Père. Le Fils à son tour ne convoite pas ce que le Saint-Esprit possède. Le Père ne se concentre pas sur ce que le Saint-Esprit détient. Chacun est pleinement conscient du lot dont il dispose. Il ne désire pas posséder ce que l'autre possède. Il aime ce qu'il a. Il jouit de ce qu'il a. Il apprécie ce qu'il possède. Il se contente de ce qu'il a. Il est satisfait pas ce qu'il a. Son cœur est pleinement conscient de la grandeur de la mesure reçue qui n'a pas le temps de convoiter ce qui est à l'autre. Tellement chacun est comblé par ce qu'il a qu'il le dispose entièrement à l'autre pour sa délectation et sa gloire. Le Père est satisfait par ce qu'il a. le Fils aussi est pleinement satisfait par ce qu'il a ; et le Saint-Esprit pareillement. Chacun prend plaisir à jouir de ce dont Il dispose. Il n'y a pas de temps pour désirer ce qui est à l'autre. Chacun est captivé, obnubilé par le paquet qu'il possède. L'humilité est donc la conscience prégnante du Père à l'égard du paquet dont il dispose. Elle est la conscience profonde et saisissante du Fils à l'endroit du merveilleux lot qui est à sa disposition. C'est l'irrésistible penchant du Saint-Esprit eu égard au paquet dont il est le propriétaire.

- **L'humilité, la conscience absolue du rôle à jouer**

« Il y a diversité de dons, mais le même Esprit ; diversité de ministères (services), mais le même Seigneur ; diversité d'opérations, mais le même Dieu qui opère tout en tous. » (1Corinthiens 12 :4-6)

Le Saint-Esprit est pleinement conscient de son rôle. Il est chargé de fabriquer des dons. Le Fils est chargé de former un moule qui va accueillir les dons conçus par le Saint-Esprit. Le Père est chargé de présenter le moule pour être servi. Chacun est pleinement conscient de sa fonction. Le Saint-Esprit s'occupe de la manu-facturation des dons. Il se donne à cela. Il se voue à cela. Il investit en cela. Il s'investit pour cela. Il prend plaisir à faire cela. Il est content de faire cela. Il est pleinement satisfait par cela. Le Fils adore son rôle. Il aime sa fonction. Il se dispose pour elle. Il investit en elle. Il œuvre pour elle. Il met son tout pour elle. Il se délecte d'elle. Il est rempli d'elle. Il pense à elle. Il mobilise son tout pour elle. Tellement, il est pris par sa fonction, qu'il n'a pas le temps de désirer celle du père. Sa fonction le captive. Sa fonction l'entraine de manière forte qu'il est totalement emporté par elle. Dieu le Père est chargé de faire exécuter le ministère. Il est préoccupé par cela. Il travaille à cela. Il se donne à cela. Sa fonction est la plus belle. Il est plus saisi par elle. Elle L'émeut. Elle Le captive. Et quand chacun veut jouer le rôle de l'autre, il fait de la fonction de ce dernier sienne. Par exemple quand le Fils accomplit la fonction du Père, Il fait de cette fonction sienne et la décharge parfaitement. Et lorsque le Saint-Esprit veut jouer le rôle du Fils, il le fait exactement comme le Fils. Et quand ils doivent tous jouer le même rôle au même moment, il n'y a aucune confusion. Tout est parfaitement fait. L'humilité est le lien qui assure ce rôle unique et collectif de la Trinité divine.

- **L'humilité, la conscience pleine de la position occupée**

« Il y a diversité de dons, mais le même Esprit ; diversité de ministères (services), et le même Seigneur ; diversité d'opérations, mais le même Dieu qui opère tout en tous. » (1Corinthiens 12 :4-6)

Le Père connait parfaitement Sa position. Le Fils n'ignore pas la sienne. Le Saint-Esprit reconnait fort merveilleusement sa position. Chacun maitrise entièrement la place de l'autre. Le Fils reconnait la place du Père. Le Saint-Esprit révère très bien la position du Fils. Le Saint-Esprit reconnait celle du Père. Chacun est conscient de sa position, de celle de l'autre et celle de tout le monde en même temps. Si on s'appuie sur le passage ci-dessus, on voit clairement la position de chacune des personnes de Dieu. Chaque personne apprécie son statut. Chaque entité aime là où elle se trouve. Elle respecte son statut ainsi que celui de l'autre. Il n'y a pas de guerre de positionnement. Aucune ne dispute la place de l'autre. Chacune est tellement consciente de sa position qu'elle en est subjuguée. L'humilité est cette force intrinsèque qui assure cette reconnaissance de la position occupée.

- **L'humilité, une irrésistible conscience de l'être**

Si Dieu résiste aux orgueilleux mais fait grâce aux humbles, c'est justement parce que les humbles s'identifient non seulement à ce qu'Il aime, mais surtout parce qu'ils expriment un aspect de Sa nature. Le Dieu trinitaire est une entité caractérisée par l'humilité. Elle est une marque de Sa nature. Elle est un aspect de Son caractère. Elle incarne Sa personne. Elle relève de l'élément caractéristique de l'Être de Dieu. L'humilité est l'élément constitutif de Dieu le Père. C'est aussi un aspect, un trait spécifique de Dieu le Fils. C'est le vêtement intérieur de Dieu le Saint-Esprit. L'humilité est une marque de l'Etre de Dieu. A la question de savoir pourquoi la Bible ne présente pas un détail concernant la dualité (conflit) entre les personnes de la Déité, la réponse est que chaque personnalité est caractérisée par l'humilité. Par exemple la Bible dit : **« les quatre êtres vivants ont chacun six ailes, et ils sont remplis d'yeux tout autour et au-dedans. Ils ne cessent de dire jour et nuit : <u>Saint, Saint, Saint</u> est le Seigneur Dieu, le Tout-Puissant, qui était, qui est, et qui vient. »** (Apocalypse 4 : 8)

La sainteté est l'un des traits caractéristiques de la Trinité divine. L'humilité étant aussi un autre trait, fait qu'il n'y a pas de place pour les chahuts ou les tensions. Chaque personne portant en son sein l'humilité, la Déité est constitutionnellement humble.

• L'humilité, une demeure céleste

L'humilité vient de Dieu, le ciel est la demeure de l'humilité. Elle n'est pas un produit de Satan. Elle est une marque du ciel. Elle descend de Dieu. Les cieux sont sa demeure. La paix est la conséquence faste de l'humilité. La sérénité céleste repose sur la place centrale de l'humilité. La tranquillité qui caractérise le ciel puise dans l'imparable présence de l'humilité. Elle est la nourriture de la paix. Elle constitue l'aliment de la sérénité. La douceur et le calme se fondent sur elle.

En définitive, Dieu est l'incarnation de l'humilité. Il est l'Auteur de l'humilité. Elle sort de son usine. Elle existe avec Dieu avant et depuis la création. C'est elle qui assure l'harmonie, la paix, la sérénité, l'ataraxie et la grandeur de la Trinité divine.

CHAPITRE III- L'HOMME ET L'HUMILITE AU COMMENCEMENT

« Puis Dieu dit : Faisons l'Homme à notre image, selon notre ressemblance, et qu'il domine sur les poissons de la mer, sur les oiseaux du ciel, sur le bétail, sur toute la terre, et sur tous les reptiles qui rampent sur la terre. Dieu créa l'Homme à Son image, il le créa à l'image de Dieu, il créa l'homme et la femme. » (Genèse 1 :26-27)

« Et l'Homme donna des noms à tout bétail, aux oiseaux du ciel et à tous les animaux des champs ; l'homme et la femme étaient tous deux nus, et ils n'en avaient point honte. » (Genèse 2 : 20a ; 25)

- **L'humilité et l'homme dans l'être à l'origine**

Le passage ci-dessus nous montre que Dieu a créé l'Homme en reproduisant les éléments caractéristiques de Sa personne, de Son Être. Il a calqué sur Son modèle, Lui-même, pour former l'Homme. Donc l'homme en tant qu'art, produit de Dieu portait à l'origine la nature de Dieu. Initialement, l'homme était un être humble. L'humilité faisait partie de sa nature. Elle était un des traits qui le caractérisaient. Dans son être, l'humilité faisait partie des aspects qui le démarquaient. L'humilité était une marque du caractère de l'Homme au départ. Ce n'était pas une vertu qu'il devait développer pour obtenir quelques faveurs de la part de Dieu. L'humilité coulait de son être. C'était sa nature. Elle s'exprimait naturellement. L'Homme ne faisait pas d'effort pour être humble. Il manifestait tout simplement un aspect de son caractère.

« L'homme et la femme étaient tous deux nus, mais ils n'en avaient point honte. » (Genèse 2 : 25)

L'humilité est la capacité de se présenter à l'autre tel qu'on est sans en éprouver la honte.

C'est la capacité d'être en présence de l'autre en toute simplicité. L'homme tout comme la femme étaient caractérisés par l'humilité. Elle constituait une partie intégrante de leur être. Elle était l'élément caractéristique de leur personne. Elle était manifestée comme une marque de ressemblance à Dieu. Elle coulait facilement et de cette manière, l'Humain s'identifiait pleinement dans l'être à Son créateur.

- **L'humilité et l'Homme dans le faire au début**

« Et l'Homme donna des noms a tout bétail, aux oiseaux du ciel et à tous les animaux des champs ; mais, il ne trouva point d'aide semblable à lui. » (Genèse 2 : 20)

Au commencement, l'Homme travaillait et effectuait son travail en toute humilité. Quand nous considérons le travail gigantesque qu'il avait abattu au commencement, nous comprenons véritablement l'attitude avec laquelle il accomplissait son boulot. Il était humble dans l'exercice de sa fonction.

L'humilité était la force puissante qui le caractérisait dans la décharge de sa tâche. Il intégrait l'humilité dans son travail. Il agissait avec humilité. Il ne le faisait pas ainsi pour gagner une bride de confiance. Il était seul. Il ne le faisait pas pour impressionner quelqu'un, pas même la femme. L'humilité était la douceur et la minutie avec lesquelles il accomplissait son travail. Imaginez l'ampleur de la tâche qu'il avait : nommer tout ce qui porte un nom sur la terre. Il était chargé de donner des noms à : chaque oiseau qui vole dans l'air ; chaque animal qui marche sur la terre ; chaque reptile qui rampe sur la terre ; chaque poisson qui vit dans l'eau ; chaque mammifère marin ; chaque insecte ; chaque être vivant qui se trouve dans le sol ; etc. il avait nommé tous ces êtres vivants qui peuplent le ciel, la terre et la mer. La Bible dit : **« l'Eternel Dieu forma de la terre tous les animaux des champs et tous les oiseaux du ciel, et il les fit venir vers l'homme, pour voir comment il les appellerait, et afin que tout être vivant portât le nom que lui donnerait l'homme. »** (Genèse 2 :19)

Dieu qui l'avait créé à son image, mit en files tous les êtres vivants qu'il avait créés et les dirigea vers l'Homme pour voir s'il travaillerait aussi comme Lui. Il fit ainsi pour tester si son produit exécuterait sa tâche comme Lui. Et l'homme réussit au test. Il nomma tous les êtres vivants qui peuplent l'univers. Il fit son travail dans l'humilité. Il passa des jours entiers à attribuer des noms sans regimber. Son cou ne gonfla pas. Le silence de Dieu quand l'homme acheva cette tâche d'attribuer des noms indique le succès du test à cent pour cent. Il prit du temps pour faire ce travail. Chaque fois qu'un être vivant se présentait pour recevoir un nom, Adam le regardait correctement et comparait les caractéristiques de ce dernier avec les siennes pour voir s'il y avait des traits de ressemblance. Mais il ne trouva point d'aide qui lui soit semblable. En passant ceci défie les théories qui affirment que l'homme viendrait d'un macaque ou d'un chimpanzé. Quand il réussit le test, Dieu lui envoya une aide semblable pour la suite de Son programme pour la terre qu'ils devaient poursuivre. L'homme effectuait son travail dans l'humilité. Il le faisait tout humblement et simplement. Il n'essayait pas d'attirer les regards. Il ne le faisait même pas pour obtenir de la faveur auprès de Dieu. L'homme avait déjà reçu sa position la plus élevée sur la terre. Il contrôlait déjà toute la planète. Il assumait ses responsabilités avec joie et dévotion. L'humilité était la marque de sa grandeur dans tout ce qu'il faisait. C'était un élément qui devait caractériser son attitude dans l'accomplissement de sa mission. En adéquation avec l'attitude de Dieu au travail, il faisait le sien pareillement. L'humilité était l'expression de son identification à Son créateur en ce qui concerne le faire.

- **L'humilité et l'Homme dans l'avoir au commencement**

« Dieu les bénit, et Dieu leur dit : soyez féconds, multipliez, remplissez la terre, et l'assujettissez ; et dominez sur les poissons de la mer, sur les oiseaux du ciel, et sur tout animal qui se meut sur la terre. Et Dieu dit : voici, je vous donne toute l'herbe portant de la semence et qui est à la surface de la terre, et tout arbre

ayant en lui du fruit d'arbre portant de la semence : ce sera votre nourriture. » (Genèse 1 :28-29)

L'homme au commencement disposait de tout. Il avait l'autorité sur tout autre être vivant sur la terre, dans l'eau et dans le ciel. Dieu lui avait donné le pouvoir et la domination sur tous les êtres qui peuplent les mers et les océans ; il disposait de pleins pouvoirs et une autorité indéniable sur tous les êtres vivants (exception faite aux humains) qui peuplent la terre ferme ; il avait également tous les droits et de l'influence sur tous les oiseaux qui volent dans le ciel ; même l'herbe (la flore) était entièrement à sa disposition. Mais l'humilité était la marque qui caractérisait la manière avec laquelle il en disposait. La relation avec Dieu était parfaite jusque-là. Il n'avait jamais pris son indépendance vis-à-vis de Dieu, malgré toutes les possessions qu'il avait à sa disposition. L'humilité était l'expression de la jouissance de toutes les prérogatives qui lui avaient été accordées. Sortant de son caractère, l'humilité se répandait sur la façon dont il gérait toutes les ressources et l'autorité qu'il avait reçues. Nulle part, il n'est mentionné que l'homme méprisa une créature. Dans la faculté de labélisation où il était le doyen chargé d'attribuer des noms, nous ne voyons pas un instant où il se prend la tête du fait de sa position ou son autorité. Il n'utilisait pas son influence pour trivialiser les autres êtres. Il n'était pas rengorgé. L'humilité constituait la reconnaissance avec laquelle il jouissait de tous ce que Dieu lui avait donné. De même qu'au ciel, chaque personnalité de la Déité dispose humblement de ce qu'il possède, l'homme au commencement était fortement marqué par ce trait divin dans la jouissance de ce qu'il avait reçu de Son créateur.

Au demeurant, l'humilité était la marque d'identification de l'Homme à Sa source, c'est-à-dire Dieu. Elle n'était pas un effort humain pour attirer des regards favorables de Dieu. L'Homme incarnait l'humilité dans son être. Il typifiait l'humilité dans le faire. Il jouissait également de tout ce qu'il avait reçu en toute humilité. Faisant partie de sa nature, l'homme la manifestait à tout bout de champ. Il était ceint d'elle. Il était caractérisé par elle. Son être en était rempli ; ses actions en laissaient des échos ; et ses possessions, ses avoirs en témoignaient la présence. L'humilité était l'expression de son identité authentique. Elle était le vêtement dont étaient revêtues ses actions au quotidien. Elle était la raison première de ses possessions et la finalité de ses actions. Que c'était glorieux ! Que c'était merveilleux !

CHAPITRE 4- LE LUCIFERIANISME : LE FILS DE L'AURORE ET SON SORT ETERNEL

« Te voilà tombé du ciel, Astre brillant, fils de l'aurore ! Tu es abattu à terre, Toi, le vainqueur des nations ! Tu disais en ton cœur : Je monterai au ciel, J'élèverai mon trône au-dessus des étoiles de Dieu ; Je m'assiérai sur la montagne de l'assemblée, A l'extrémité du septentrion ; Je monterai sur le sommet des nues, Je serai semblable au Très-Haut. Mais tu as été précipité dans le séjour des morts, Dans les profondeurs de la fosse. » (Esaïe 14 : 12-15)

Nous avons vu que la Trinité divine est caractérisée par l'humilité de par sa nature, ses mouvements et ses dispositions ou ses grâces. Nous avons également constaté que l'Homme à l'origine de toute chose, était marqué par l'humilité en tous points de vue. Mais d'où vient l'orgueil ? Le passage ci-dessus nous donne une lumière sur l'origine et l'auteur, la manifestation optimale, la finalité et la conséquence de l'orgueil.

- **L'origine de l'orgueil**

Le dictionnaire Larousse définit l'orgueil comme ''un sentiment exagéré de sa propre valeur, une estime excessive de soi-même, qui porte à se mettre au-dessus des autres.'' ''C'est un sentiment de dignité, fierté légitime, amour-propre'', poursuit Larousse. En fait, l'orgueil est la conscience de soi au sujet de la présence d'une prétendue grandeur transcendantale. En d'autres termes, le sujet orgueilleux croit qu'il est supérieur aux autres, qu'il a raison tandis que les autres ont tort. En réalité, c'est la trahison envers Dieu. C'est le résultat de la désinvolture humaine envers son Auteur. Le passage d'Esaïe nous donne la source de l'orgueil. C'est une semence et un produit provenant du cœur d'une étoile brillante. L'orgueil ne vient pas de Dieu. Il vient du diable, de Satan, étoile brillante créée par l'Aurore (l'ancien des jours, le Dieu créateur) métamorphée, dénaturée, corrompue. Il est la résultante de la concertation de Satan avec lui-même, au sujet de lui-même en comparaison avec Son créateur et les autres êtres vivants.

« Tu disais en ton cœur »

Satan avait organisé une concertation ultime avec lui-même au cours de laquelle il devait réfléchir sur un projet phénoménal qui ferait de lui le maitre de tout l'univers qu'il n'avait pas créé ; ou du moins, se mettrait au même pied d'égalité que Son créateur. A la fin de la concertation à sous seing privé dans son cœur, son imagination parvint à rassembler quelques facteurs dont l'assemblage et la transformation donnèrent un produit qui porte sa marque. Et ce produit, matérialisation de la décision ultime de la concertation reçu un nom, à savoir ''l'orgueil''. Ainsi l'orgueil est à la fois une semence et un fruit provenant du cœur de Satan. Il en est le manufacturier. Il en est le concessionnaire. L'orgueil prend corps à partir du cœur de Lucifer, ange de lumière déchu. C'est un produit propre à Satan. C'est la présence de cette semence auto-créée qui transforma l'astre brillant, fils de l'Aurore en Satan. C'est la colonne qui soutient le moi.

• Les manifestations de l'orgueil satanique

« **Fils de l'homme, Prononce une complainte sur le roi de Tyr ! Tu lui diras : Ainsi parle le Seigneur, l'Eternel : Tu mettais le sceau à la perfection, Tu étais plein de sagesse, parfait en beauté. Tu étais en Eden, le jardin de Dieu ; Tu étais couvert de toute espèce de pierres précieuses, De sardoine, de topaze, de diamant, De chrysolithe, d'onyx, de jaspe, De saphir, d'escarboucle, d'émeraude, et d'or ; Tes tambourins et tes flûtes étaient à ton service, Préparés pour le jour où tu fus créé. Tu étais un chérubin protecteur, aux ailes déployées ; Je t'avais placé et tu étais sur la sainte montagne de Dieu ; Tu marchais au milieu des pierres étincelantes. Tu as été intègre dans tes voies, Depuis le jour où tu fus créé Jusqu'à celui où l'iniquité a** été trouvée chez toi. Par la grandeur de ton commerce, Tu as été rempli de violence, et tu as péché ; Je te précipite de la montagne de Dieu, Et je te fais disparaître, chérubin protecteur, Du milieu des pierres étincelantes. Ton cœur s'est élevé à cause de ta beauté, Tu as corrompu ta sagesse par ton éclat ; Je te jette par terre, Je te livre en spectacle aux rois. Par la multitude de tes iniquités, Par l'injustice de ton commerce, Tu as profané tes sanctuaires ; Je fais sortir du milieu de toi un feu qui te dévore, Je te réduis en cendre sur la terre, Aux yeux de tous ceux qui te regardent. Tous ceux qui te connaissent parmi les peuples Sont dans la stupeur à cause de toi ; Tu es réduit au néant, tu ne seras plus à jamais ! » (Ezéchiel 28 : 12-19) « Te voilà tombé du ciel, Astre brillant, fils de l'aurore ! Tu es abattu à terre, Toi, le vainqueur des nations ! Tu disais en ton cœur : Je monterai au ciel, J'élèverai mon trône au-dessus des étoiles de Dieu ; Je m'assiérai sur la montagne de

l'assemblée, A l'extrémité du septentrion. » (Esaïe 14 : 12-13)

Ces passages retracent un certain nombre de choses qui faisaient la particularité du fils de l'Aurore. Il était doté d'une beauté interplanétaire inégalable. Il avait le pouvoir et l'autorité remarquables. Il avait de l'influence. Il était immensément riche. Il était puissant et un vrai dominateur. Il avait d'autres anges à son service. Il occupait une place de choix entre les mains de Dieu. Il était auprès de Dieu et au service de Dieu. Il était fort en sagesse et en intelligence. Il avait plusieurs talents notamment dans la musique (tambourins et tes luths), en commerce, etc. L'arsenal et le patrimoine du fils de l'Aurore étaient énormes. Malgré tout cela, il n'était pas satisfait. Alors il eut une concertation avec lui-même. Et l'objectif à atteindre, était de surplanter Son créateur. Le but visé était de s'élever au-dessus de tous les autres anges et de prendre la place de Dieu. Alors il fabriqua un article à partir de tout ce qu'il avait reçu en vue de la conquête du poste de Dieu. Il manufactura un produit que nous connaissons aujourd'hui sous le label d'orgueil. Mais quel est le vrai nom de l'arrogance et comment se manifeste-t-elle ?

Le vrai nom de l'orgueil s'appelle le luciférianisme. Et que signifie ce terme ? C'est l'art de se servir des grâces de Dieu reçues pour l'autodéification. C'est la tendance d'utiliser les moyens et ressources reçus afin de prendre la place de l'octroyeur des dons et les conséquences qui en découlent. L'orgueil a été créé par le fils de l'aurore afin de s'élever en position de supériorité et d'égalité au créateur. Il se manifeste par des pensées de grandeur. Il se démarque par des actes de grandiloquence. Il se révèle à travers le désir exprimé de surclasser les autres. Il se manifeste par la tendance d'outrepasser les autres.

- **La finalité de l'orgueil**

« Je monterai sur le sommet des nues, Je serai semblable au Très-Haut. » (Esaïe 14 :14)

L'étoile du matin créa l'orgueil afin d'atteindre un objectif précis. Grâce à ce produit venant de son propre laboratoire, le diable visait la vénération personnelle. Il ne voulait plus que les autres anges continuassent à exalter Dieu. Il voulait que tout le monde se plie devant lui et l'adore. La finalité de l'orgueil, c'est la destitution du créateur en vue de l'intronisation de la créature. C'est utiliser les grâces de Dieu pour l'autodéification. Quand l'astre du matin créa l'orgueil, son projet était clair : être égal à Dieu. En créant cet objet, le fils de l'aurore visait le siège de Son créateur. Ayant tout un arsenal de choses, il avait pour ambition de recevoir la gloire du créateur en amenant les autres créatures à l'adorer.

« Le diable, l'ayant élevé, lui montra en un instant tous les royaumes de la terre, et lui dit : Je te donnerai toute cette puissance, et la gloire de ces royaumes ; car elle m'a été donnée, et je la donne à qui je veux. Si donc tu te prosternes devant moi, elle sera toute à toi. Jésus lui répondit : Il est écrit : Tu adoreras le Seigneur, ton Dieu, et tu le serviras lui seul. » (Luc 4 : 5-8)

L'ambition du diable était claire : amener tout le monde y compris Dieu à l'adorer. Il dit bien que les choses lui ont été données, et il utilise ce qui lui a été donné pour exalter sa personne. Il n'aimait pas voir les autres êtres vivants adorer le seul et unique vrai Dieu. Et dans ce passage, le Seigneur Jésus lui rappelle que le seul Être devant qui tout le monde doit se prosterner en signe d'adoration est Dieu.

- **La conséquence de l'orgueil : Lucifer**

« Te voilà tombé du ciel, Astre brillant, fils de l'aurore ! Tu es abattu à terre, Toi, le vainqueur des nations ! Mais tu as été précipité dans le séjour des morts, Dans les profondeurs de la fosse. » (Esaïe 14 : 12, 15)

En voulant utiliser les grâces reçues pour l'exaltation personnelle, l'astre de matin fut transformé en Lucifer. L'étoile brillante, fils de l'aurore fut précipité en enfer. Le luciférianisme est la chute que connaissent ceux qui utilisent les biens reçus pour se déifier. L'étoile du matin reçut des privilèges incroyables. Dieu lui avait accordé des ressources phénoménales. Il rassembla tout cela et décida de se dresser contre son créateur et l'auteur des dons qu'il avait reçus. Dieu ne se repent pas de Ses dons. Seulement Il juge toute utilisation et jouissance de ceux-ci. Ainsi l'astre du matin, fils de l'aurore prit tout ce que lui avait donné le Seigneur. Utilisant les grâces reçues pour prendre la place de Dieu, il fut jugé. Et la sentence fut la déchéance. Il fut déchu et obtint le nom de Lucifer, c'est-à-dire, ange de lumière tombé, puni et éternellement condamné à vivre en enfer.

CHAPITRE 5- LA DECHEANCE HUMAINE

« Et l'homme et la femme étaient tous deux nus, sans avoir honte. Or le serpent était le plus fin (rusé) des animaux des champs que l'Eternel Dieu avait faits. Et il dit à la femme : Est-ce que Dieu aurait dit : vous ne mangerez pas de tout arbre du jardin ? Et la femme répondit au serpent : nous mangerons du fruit des arbres du jardin ; mais le fruit de l'arbre qui est au milieu du jardin, Dieu a dit : vous n'en toucherez pas, de peur que vous ne mourriez. Et le serpent dit à la femme : vous ne mourrez nullement ; mais Dieu sait qu'au jour où vous en mangerez, vos yeux s'ouvriront et vous serez comme Dieu, connaissant le bien et le mal. Et la femme vit que l'arbre était bon à manger et qu'il était agréable aux yeux et que l'arbre était désirable pour devenir intelligent ; et elle prit de son fruit et en mangea, et elle en donna aussi à son mari qui était avec elle, et il en mangea. Et les yeux de tous deux s'ouvrirent et ils connurent qu'ils étaient nus ; et ils cousirent des feuilles, de figuier et se firent des ceintures. Et ils entendirent le bruit de l'Eternel Dieu qui passait dans le jardin au vent du jour. Et l'homme et sa femme se cachèrent de devant l'Eternel Dieu parmi les arbres du jardin. » (Genèse 2 :25 ; 3 :1-8)**

L'orgueil est la conscience du moi au détriment de Dieu. Et la conscience prégnante de l'homme au sujet de lui-même est le chemin qui conduit à la mort. Les sciences de motivation et de développement personnel encouragent les hommes à prendre conscience d'eux-mêmes pour connaitre leurs potentiels, leurs capacités et leur importance. Ce qui est une bonne chose, car la Bible aussi enseigne au chrétien et à l'enfant de Dieu de savoir qui il est afin de fonctionner normalement, d'agir efficacement et de contribuer à son tour à la bénédiction de sa génération en développant et en servant ses talents et dons. Le passage ci-dessus nous donne une image noire de l'impact de cette prise de conscience de soi. Dans la deuxième université du monde (la première étant celle de Dieu, à travers Ses instructions initiales données à Adam et Eve), le professeur Satan fut le premier à concevoir des leçons sur toutes ces théories sur le centralisme humain qui pullulent de nos jours. Mais son but était clair : déchoir l'homme de sa position d'humilité entretenant une riche et glorieuse relation avec Son créateur. La Bible dit que l'homme et la femme étaient tous deux nus, mais ils n'en avaient point honte. Mais la leçon sur le développement formellement donné par le conférencier chevronné en la matière, le professeur Serpent dans la faculté des sciences de motivation et de développement de l'individu, les fit prendre conscience de leur nudité et en eurent honte. Sans entrer dans la force de frappe de l'approche pédagogique qu'il utilisa, nous voulons montrer la place de l'humilité en rapport avec l'homme après ce cours. En d'autres termes, qu'est-ce que le diable a pris chez l'homme et que lui a-t-il donné, transféré ?

• La mort de l'humilité en tant que marque de l'être de l'homme

« Et les yeux de tous deux s'ouvrirent et ils connurent qu'ils étaient nus »

L'Homme en acceptant la parole du diable au détriment de celle de Son créateur, récupéra la semence de Satan. Et la semence de Dieu en lui mourut. L'humilité était la marque du caractère de l'homme. C'était l'élément par lequel il s'identifiait dans son être, au Père. L'humilité en tant que marque de l'être de l'Homme mourut et céda fatalement la place à l'orgueil. Combien de personnes aujourd'hui se définissent par leurs diplômes, leur travail, leur poste de responsabilité ? L'humilité perd toute sa force dans l'être de l'homme. L'orgueil prend le règne. Le moi ayant pris conscience de lui-même et soutenu par l'orgueil, sa droite et sa colonne, expulse l'humilité. Le caractère de l'homme se modifie. L'humilité se fragilise.

L'orgueil devient un gène normal caractérisant l'homme. Désormais dans l'ADN de l'homme, l'orgueil est un trait, un gène immanquable, de sorte que quand l'homme brandit son appartenance familiale, ses racines ethniques, ses liens culturels, ses pedigrees, son travail, il y a toujours une marque de fierté, d'arrogance et de célébration personnelle. La désobéissance à Dieu et l'identification aux unités d'enseignement du professeur serpent tuèrent les racines de l'humilité. L'humilité perdit sa place en tant que gène normal permettant de reconnaitre l'homme. La puissance de la semence de l'orgueil envahit l'être de l'homme. Que c'est triste !

- **La mort de l'humilité en tant que marque caractérisant les actions de l'Homme**

A la fin du cursus en sciences de motivation pour la grandeur et le développement personnel piloté par le professeur serpent à l'université du jardin d'Eden, l'humilité chuta en tant que marque déposée des actions humaines. L'homme qui accomplissait son travail en toute simplicité, devient maintenant un gros fanfaron. L'orgueil, la grandiloquence et l'exubérance sont devenus les éléments qui caractérisent l'homme dans ses actions. On ne fait plus les choses en toute simplicité et avec douceur, c'est l'esprit de jalousie, de concurrence et de vantardise qui accompagne le labeur humain. On ne parle plus avec amour, c'est la colère, le courroux et l'arrogance qui gouvernent les actions humaines. L'humilité est trivialisée et l'orgueil est exalté. La simplicité est foulée aux pieds tandis que l'arrogance est honorée.

- ## **La mort de l'humilité en tant que finalité des possessions de l'homme**

L'un des domaines ayant été affectés par l'assimilation des cours dispensés par le serpent concerne les possessions de l'homme. Avant ce misérable cours, l'homme était puissamment riche. Il était fortement influent, sa sagesse était exceptionnelle (capacité de nommer tous les êtres qui font partie de la faune, de la flore, des eaux, du ciel), mais il était humble. L'humilité était la marque par laquelle il jouissait de chacune de ces grâces. Il avait reçu le pouvoir sur toutes les autres créatures, tout était à sa disposition, mais il était simple. Mais après l'entretien avec le serpent, l'homme devint un vrai orgueilleux et un vantard caractérisé. Il suffit qu'il ait juste un patrimoine immobilier intéressant pour que tout le monde se prosterne et l'adore. L'humilité qui était la finalité, le but ultime de toutes les bénédictions divines, meurt. La fanfaronnade devient la raison première qui motive toutes les dispositions, toutes les possessions.

• La conscience de soi est le chemin de la déchéance humaine

Le passage ci-dessus nous présente les deux premiers êtres humains qui ont vécu sur terre. Il nous expose le type de vie qu'ils menaient avant de s'inscrire dans ladite faculté, avant la rencontre avec le doyen du département des sciences de développement et de leadership cosmopolite, en la personne de monsieur serpent. Il présente aussi ce qu'ils sont devenus et leur fonctionnement après ces cours sur la grandeur personnelle qui égalise celle de Dieu.

« Et l'homme et la femme étaient tous deux nus, sans avoir honte. »

En d'autres termes, ils n'avaient pas une trop grande conscience d'eux-mêmes. Ils avaient plus conscience de leur Créateur. Leur cœur se portaient tous les jours vers la personne de Dieu. Ils étaient plus concernés par ce qu'Il veut faire au travers d'eux. Leur propre personne bien que reflétant la gloire de Dieu n'était pas leur préoccupation. Ils étaient plus attachés et adonnés à la personne du Seigneur ainsi qu'à la tâche qu'Il leur avait donnée. Ils accordaient du temps à Dieu. Ainsi la forte conscience envers la personne de Dieu était le gage de leur humilité. C'est la capacité de focaliser l'attention sur le Seigneur, ce qu'Il attend et ce qu'Il veut. L'humilité est la grandeur qui mesure le niveau élevé de conscience que l'homme a envers Dieu. Le niveau de conscience de Dieu détermine la place que l'humilité occupe dans une vie. Ceux qui accordent peu d'attention à eux-mêmes, mais témoignent d'un très grand intérêt pour les autres, pour le Seigneur via les autres, connaissent la valeur de l'humilité. Ils étaient nus, mais n'en avaient point honte. Pour quoi ? Eh bien, parce qu'ils étaient concentrés sur Dieu le Père, Dieu le Saint-Esprit et Dieu le Fils. Mais la première conséquence de l'entretien fut la prise de conscience d'eux-mêmes. Avant ils étaient nus sans en avoir honte, maintenant, ils sont nus et ils ont honte. La conscience de soi sans intégrer la personne de Dieu est le chemin du mensonge et de la fausseté satanique. C'est quand Adam et Eve prirent conscience d'eux-mêmes qu'ils moururent. La déchéance humaine commence avec le détour de la conscience à l'égard de Dieu pour la tourner vers soi. Nous remarquons que les problèmes avaient commencé quand ils prirent conscience d'eux-mêmes. Le chemin du malheur, c'est la forte conscience de soi au détriment de celle de Dieu. Pierre pouvait continuer de marcher sur les eaux aussi longtemps qu'il avait gardé les yeux sur le Seigneur Jésus, mais quand il considéra sa nature d'homme, il commença à descendre aux enfers. La conscience de soi est le sentier qui conduit à la ruine de l'homme.

L'humilité est mesurée par l'attention forte, solide et le respect pour la personne de Dieu. Ceux qui prennent conscience d'eux-mêmes indépendamment de Dieu n'iront pas loin dans la vie.

• La naissance de l'orgueil et la mort de l'humilité

La conséquence directe de cet entretien a été la mort de l'humilité et la naissance de l'orgueil. Par l'acte délibéré de désobéissance, l'homme occasionna la mort de la vertu de l'humilité. L'orgueil naquit et devint une partie intégrante de l'être de l'homme. L'humilité qui est la symbolique de l'absence de la honte perd son pouvoir, elle est évincée. L'arrogance et la fierté prennent les commandes de la vie de l'homme sur terre. La conscience de soi que le diable enseigna produisit la mort de l'humilité et donc de l'homme. L'humilité perdit sa place, sa valeur et sa substance. L'orgueil est devenu l'élément par lequel l'homme s'identifie le plus et cela fièrement. Ainsi le but ultime de ces cours donnés par le serpent visait une seule chose : l'intronisation de l'orgueil par la destitution de l'humilité. La mort de l'humilité, c'est la naissance de l'orgueil. Le diable a réussi son coup d'état : détrôner l'autorité de l'humilité et asseoir l'hégémonie de l'arrogance. Son stratagème et son approche pédagogique marchèrent et la déchéance humaine via la mort de l'humilité devint effective. Par cette tactique, le diable poussa l'homme à remplacer le don de Dieu (l'humilité) par le don de Satan (l'orgueil). Si vous regardez bien, vous allez vous rendre compte que toutes les guerres qui ont frappé l'humanité sont nées des cendres de l'orgueil. L'orgueil est la racine de tous les maux. Ceux qui s'y identifient rencontrent la déperdition, le malheur et la mort. L'homme mourut spirituellement parce qu'il s'identifia à la semence et au produit de Satan. La semence divine qui assurait la pérennité de sa vie spirituelle et terrestre mourut. L'orgueil, ce fruit sortant du laboratoire de Lucifer, traina l'humanité dans la déchéance totale.

CHAPITRE 6- LA PROBLEMATIQUE DE LA GRANDEUR

« Et le serpent dit à la femme : vous ne mourrez nullement ; mais Dieu sait qu'au jour où vous en mangerez, vos yeux s'ouvriront et vous serez comme Dieu, connaissant le bien et le mal. » (Genèse 3 : 4-5)

Avant la chute l'homme était-il grand et sur quoi reposait sa grandeur ? Le diable parla de grandeur qui consistait à mettre de côté ce que l'Eternel avait dit tout en prenant en compte ce que lui, il leur disait. Il leur enseigna la conscience de soi au détriment de l'attention forte qu'ils avaient développée au sujet de leur créateur. La conscience de la grandeur du moi (l'orgueil) constitue-t-elle la vraie grandeur de l'homme ?

La grandeur est semblable à un diamant dont la brillance est irrésistiblement frappante et saisissante. C'est une perle rare dont le charme entraine et la beauté emporte. Sa force d'attraction est fortement émouvante, sa nature saine est comme un champ magnétique drainant des foules à se prosterner et la révérer. C'est l'aboutissement de toute recherche humaine. C'est elle qui explique tous les mouvements, toutes les démarches et tous les déploiements humains. Tout le monde veut être grand. Tout le monde veut se sentir supérieur à l'autre. Chacun veut être plus vu, entendu, écouté, honoré et respecté dans un milieu donné. C'est ce qui fonde les sciences de motivation et de développement personnel. Et nous avons vu que cette science a été introduite à l'humanité par le professeur serpent dans la faculté qui porte son nom à l'université du Jardin d'Eden. Pendant le cours l'enseignant, le diable énonce le discours de la grandeur. C'est le grand sujet qu'il aborde avec la femme (Eve). Il lui explique qu'elle et son mari doivent aspirer à la grandeur. Il lui dit qu'ils doivent être au même piédestal que leur créateur. Il leur parla d'une grandeur qui égalise celle de Dieu, l'Auteur de leur existence. Mais la question est : avant l'introduction du serpent, l'homme n'était-il pas grand ? En d'autres termes, sur quoi reposait la grandeur humaine ? L'homme avait-il besoin de rechercher à être égal à Dieu ? Qu'est-ce que l'homme est devenu à la fin du discours du serpent et sur quoi puise la grandeur humaine ? Voilà les préoccupations auxquelles nous porterons notre attention. Nous allons tout simplement montrer ce qu'était la grandeur humaine à l'origine et ce qu'elle est devenue après l'acceptation et l'application de la leçon magistrale du serpent. C'est donc la nature de la grandeur avant et après la désobéissance que nous allons faire ressortir.

A- La grandeur humaine avant la chute

La grandeur est une valeur qui s'apprécie quantitativement et qualitativement. Elle est très souvent perçue par le rapprochement ou la comparaison entre deux entités (personnes, objets, phénomènes, sujets, approches, méthodes, corps, réalités animées ou inanimées, etc.) qui met à nu la différence ou la similitude de leurs caractéristiques, leur nature, leur utilité et leurs vertus. Mais en quoi consistait véritablement la grandeur humaine avant la chute ?

- **La grandeur humaine initiale : l'humilité dans l'être**

« Puis Dieu dit : Faisons l'homme à notre image, selon notre ressemblance, et qu'il domine sur les poissons de la mer, sur les oiseaux du ciel, sur le bétail, sur toute la terre, et sur tous les reptiles qui rampent sur la terre. Dieu créa l'homme à son image, il le créa à l'image de Dieu, il créa l'homme et la femme. » (Genèse 1 : 26-27)

Ce passage nous dévoile les éléments constitutifs de l'homme. Nous voyons ici que l'Humain a été créé par Dieu à Son image et selon sa ressemblance. L'Homme en tant qu'être fait à l'image et selon la ressemblance à Dieu, porte certaines caractéristiques de Son créateur. Dieu étant grand de par Sa nature, Son être, l'Homme aussi est grand. Et nous avons vu que Dieu est humble dans Son être. La grandeur humaine initiale était divine. Dans son être, l'Homme était grand, et l'humilité était la marque de cette grandeur. Sa grandeur puisant dans sa ressemblance à Dieu faisait de lui quelqu'un d'humble. Il était grand de par son être humble. Grand dû à son origine divine, mais aussi humble dans son être dû à sa source divine. Sa grandeur était l'humilité dans son être. Il était humble et par conséquent grand. Emanant du Dieu grand, sa grandeur était indiscutable, et l'humilité était le secret qui en faisait la force.

- ## La grandeur humaine initiale : l'humilité dans le faire

« Et l'homme donna des noms à tout le bétail, aux oiseaux du ciel et à tous les animaux des champs ; mais, pour l'homme, il ne trouva point d'aide semblable à lui. » (Genèse 2 : 20)

Dans ses actions, l'homme était grand. L'ampleur de son travail démontre sa grandeur dans son déploiement. Il accomplissait son travail en toute humilité et simplicité de cœur. Et c'est là que reposait sa grandeur. Il était grand de par son travail. Il exécutait ses fonctions dans une humilité qui assurait sa ressemblance au créateur. La diligence et la simplicité avec lesquelles il réalisait ses missions faisaient sa grandeur. Il était grand dans ses actions. En accomplissant son travail humblement, il était grand. En faisant uniquement ce qui lui avait été confié, il était grand. En restant dans le domaine de son appel et en le déchargeant en toute modestie, il était grand. Sa grandeur ne puisait pas seulement dans l'étendue de sa tâche, mais bien plus à l'attitude avec laquelle il se déployait pour la déchargée. Il avait reçu l'ordre de cultiver tout le jardin et de le garder. Quelle belle fonction ! il devait attribuer des noms à tous les êtres vivants qui peuplent la terre, le ciel et l'eau. Sa grandeur est très perceptible à ce niveau. Mais l'humilité était l'empreinte qui le caractérisait dans l'exercice de cette fonction.

• La grandeur humaine initiale : l'humilité dans l'avoir

« Dieu les bénit, et Dieu leur dit : Soyez féconds, multipliez, remplissez la terre, et l'assujettissez ; et dominez sur les poissons de la mer, sur les oiseaux du ciel, et sur tout animal qui se meut sur la terre. » (Genèse 1 : 28)

Quelles sont les possessions humaines avant l'entrée en scène du diable ?

Il avait le pouvoir sur tout le bétail ;

Il avait le pouvoir sur tous les êtres marins ;

Il avait l'autorité sur tous les oiseaux du ciel ;

Tous les animaux des champs étaient sous sa botte ;

Tous les arbres et leurs fruits étaient à sa disposition ;

Toute l'herbe de la terre avait été créée pour lui servir de nourriture ;

Il était maitre de la terre.

Il était extrêmement grand de par ses possessions matérielles, immobilières, animalières, son autorité, son influence, sa sagesse, son intelligence et sa créativité (il créait des noms pour les attribuer aux êtres vivants). Mais l'humilité était la marque caractérisant le cœur avec lequel il disposait de ces choses. L'humilité était l'expression de sa grandeur en tant qu'être extrêmement riche, puissant et influent. Il disposait de tout et ne manquait de rien, mais il était humble. La grandeur humaine initiale était l'humilité dans l'avoir. C'était la simplicité de cœur, la reconnaissance de l'être intérieur à Dieu pour tous les biens qu'il avait en sa possession. La grandeur était mesurée par l'humilité dans la disposition des biens matériels. C'était la simplicité dans l'usage de l'autorité. C'était la crainte respectueuse dans l'exercice du pouvoir dont il était pleinement investi. C'était la reconnaissance pour toutes les grâces divines qui lui avaient été accordées par le Dieu de bonté sans pareille. La grandeur humaine reposait sur l'humilité avec laquelle il disposait des bénédictions divines. Elle s'appuyait sur la capacité de jouir des faveurs divines en toute simplicité et honneur. Loin de cette réalité, elle n'existait pas. La grandeur est une valeur qui s'exprime par l'humilité dans la disposition des choses qu'on possède. Elle est nulle en dehors de cette attitude intérieure et extérieure à l'égard des avoirs. L'homme avait tout, mais l'humilité était l'élément qui marquait la grandeur de ses acquis.

- **La grandeur humaine initiale : l'humilité dans l'approche**

« L'Eternel Dieu forma de la terre tous les animaux des champs et tous les oiseaux du ciel, et il les fit venir vers l'homme, pour voir comment il les appellerait, et afin que tout être vivant portât le nom que lui donnerait l'homme. Et l'homme <u>donna des noms</u> à tout le bétail, aux oiseaux du ciel et à tous les animaux des champs ; mais, pour l'homme, il ne trouva point d'aide semblable à lui. » (Genèse 2 : 19-20)

L'un des aspects qui marquaient aussi la grandeur humaine à l'origine était la simplicité de son approche à l'égard du reste des créatures divines. Donner est une action simple qui matérialise la nature de l'approche. Il ne compliquait pas sa démarche pendant la labélisation. Son approche était simple. La simplicité de l'approche était la grandeur qui caractérisait l'homme. Le Seigneur l'épiait pour voir la démarche de l'Homme pendant son travail. Le silence montre l'approbation divine à l'égard de l'approche dont se servit l'homme pour nommer. Il était simple dans son approche. Il était humble dans sa démarche. Il était doux dans ses manières. Il donna le nom à chaque être vivant. Et le cœur du Père était satisfait. Car sa démarche portait sa nature. Elle était simple et pleine d'humilité. Il n'y avait pas de grandiloquence ni d'exubérance. Et c'est ce qui faisait sa grandeur. Il n'était pas compliqué. Il n'employa pas des démarches bizarres. La grandeur est mesurée par la simplicité de l'approche dans le travail ou la décharge d'une fonction. Elle est marquée par la capacité de faire simplement les choses.

- **La grandeur humaine initiale : l'humilité dans le traitement des autres**

« Alors Adam dit : cette fois celle-ci est os de mes os, et chair de ma chair ; on la

nommera hommesse (femme), parce qu'elle a été prise de l'homme. » (Genèse 2 : 23) version Martin.

A l'origine l'Homme traitait son semblable avec respect et honneur. Il voyait son semblable comme lui-même avec juste une petite différence insignifiante. La grandeur humaine initiale reposait sur l'humilité dans le traitement de l'autre. La fin de ses actions envers l'homme devait être la reconnaissance de ce dernier en tant qu'un autre lui. C'était la marque de sa grandeur. Elle résidait dans le traitement qui reconnaissait, appréciait, préservait et protégeait la dignité de l'homme. La supériorité humaine initiale puisait dans sa capacité continuelle de se voir en l'autre en le traitant avec respect, honnêteté, franchise, sincérité et ouverture. La grandeur humaine était déterminée par sa simplicité envers l'autre. Aussi longtemps qu'il ne voyait jamais en son semblable un objet, mais lui-même projeté, sa grandeur était maintenue et reconnue. Celui qui traite son prochain comme lui-même est humble. Celui qui reconnait en l'autre une partie de lui (humanité partagée) est grand.

L'homme était aussi grand grâce à son traitement simple, respectueux et honorable envers les autres.

En définitive, l'humilité était le gage de la grandeur humaine. L'homme était grand de par la simplicité de son approche, de ses possessions, de son regard envers l'autre et les autres créatures et de son caractère. Et que s'est-il passé par la suite ?

B- La grandeur humaine après les cours de motivation et de développement personnel donnés par le serpent

Le serpent est venu leur parler de grandeur. Était-ce vraiment le cas ? A quel sort la grandeur humaine initiale avait-elle été vouée ?

• La petitesse humaine : l'orgueil dans l'être

La conscience prégnante de soi est le chemin de la petitesse humaine. Dans le topos du serpent, il était question, qu'après avoir mangé le fruit de l'arbre de la connaissance du bien et du mal, Eve et Adam deviendraient grands ?

Malheureusement, cela ne s'accomplit pas. Ce qui s'est produit fut le contraire. En remplaçant l'humilité par l'orgueil, le diable introduisit la petitesse dans l'être de l'homme. L'orgueil dans l'être est la marque de la petitesse humaine. Tout orgueilleux est petit. La grandeur humaine ne s'associe pas à l'orgueil. L'humilité et la grandeur vont de pair. Associer à l'orgueil, la grandeur est transformée en petitesse. L'infatuation est la marque de la petitesse. A la fin du discours, l'arrogance fut introduite dans le caractère si bien que l'homme dès cet instant s'appuie sur sa personnalité culturelle, intellectuelle, financière, matérielle, académique, relationnelle, nationale, sociale pour déterminer sa grandeur. Malheureusement cette grandeur est insignifiante, car au fin fond se trouve tapis l'orgueil qui la dénature et la transforme péjorativement. L'orgueil venant de l'enfer ne saurait donner naissance à ce qui est glorieux, ainsi toute grandeur ventilée par la semence de l'orgueil est une petitesse creuse. Quand la semence satanique est entrée, la grandeur humaine basée sur l'humilité dans son être disparut. Elle fut littéralement substituée par la petitesse humaine. Ce que les gens appellent grandeur, c'est de la petitesse. Car ayant perdu la racine originale qui en fait la force, la grandeur humaine sombra dans la bassesse humaine.

• La petitesse humaine : l'orgueil dans le faire

« J'ai vu que tout le travail et toute l'habileté dans le travail n'est que jalousie (comparaison de grandeur par des choses qu'on a ou qu'on ne possède pas) de l'homme à l'égard de son prochain. C'est encore là une vanité et la poursuite du vent. » (Ecclésiaste 4 : 4)

Après cet entretien avec le serpent, l'homme a commencé à accomplir son travail dans l'orgueil. Lorsqu'une personne exécute une petite mission, elle cire des airs. La vanité est entrée dans l'attitude avec laquelle on effectue un travail. Dans son déploiement professionnel, l'humain est devenu un vrai fanfaron.

- ### La petitesse humaine : l'orgueil dans l'avoir

Combien de personnes avez-vous entendu et vu brandir leurs diplômes afin de prouver qu'elles sont grandes ? J'en connais personnellement plusieurs. Depuis la chute, plusieurs personnes fondent leur grandeur sur leur travail. Elles s'appuient sur les possessions matérielles, financières pour révéler leur grandeur. Toute grandeur humaine qui ne puise pas sa force dans l'humilité est une bassesse légendaire.

- ### La petitesse humaine : l'orgueil dans les manières

L'absence de simplicité dans les manières de se présenter aux autres, le manque de douceur lorsqu'on approche les circonstances de la vie, témoignent de la dénaturation qui a touché la grandeur humaine. L'extravagance qui caractérise une approche est la marque de la petitesse de celui ou celle qui s'en sert.

- ### La petitesse humaine : l'orgueil dans le traitement des autres

Le mépris, l'arrogance et le déshonneur qui habillent et accompagnent les discours et le traitement de l'humain à l'égard de l'autre constituent les semences lucifériennes qui affectent la grandeur humaine. Ce qui fait la grandeur de l'homme, ce n'est pas son arrogance. L'orgueil précède la ruine. En d'autres termes, la bassesse humaine est le lot des fanfarons. La mégalomanie est la pesanteur de la vie qui conduit l'homme à la petitesse. Ceux qui méprisent les autres ne connaissent aucune grandeur. Celui qui parle et traite l'autre avec déshonneur est un vrai perdant. La vraie petitesse est tapie dans une approche vilaine et béante envers l'autre. Le langage grossier, le ton arrogant et l'éloquence pédante sont les indicateurs permettant de définir la vanité de l'homme. Ainsi la façon dont une personne aborde l'autre, parle à son prochain, dispose du patrimoine dont il est propriétaire, fait son travail et se présente détermine sa grandeur ou sa petitesse. L'humilité était le socle sur lequel s'appuyait la grandeur humaine au commencement ; puis le diable introduisit l'orgueil qui vint la dénaturer de telle manière que celui ou celle qui ne s'identifie pas au but du sacrifice ultime de Christ, ne saura se libérer de l'emprise de l'arrogance à partir de laquelle la bassesse humaine se lit sans ambages.

CHAPITRE 7- LES HUMILITES HUMAINES ET LEURS MOTIFS

L'un des fruits des leçons du professeur serpent a réussi d'introduire dans la vie de l'Homme, c'est une conscience luciférienne de soi au détriment de la conscience prégnante de Dieu. L'humain était conscient de lui-même à travers la conscience de son créateur. C'est la lumière obtenue à partir de la connaissance du créateur qui lui donnait une réelle image de lui-même. Au fait, il se voyait avec les yeux de Dieu et non avec ses propres yeux. En réalité le perdu est celui qui se voit en dehors des yeux de Dieu. Imaginez une personne plongée dans la nuit de l'obscurité en train de se décrire sans la présence d'une moindre lumière. La conscience de Dieu est la lumière qui nous permet de savoir qui nous sommes. Loin d'elle, aucune connaissance de soi de manière objective, aucune définition claire et impeccable de soi, n'est envisageable. Et l'humilité est cette vitrine qui facilite le regard objectif sur nous-mêmes en rapport avec Dieu et les autres. Si pour certaines personnes, l'humilité est encore une sorte de malédiction à laquelle elles n'aimeraient pas s'identifier, d'autres ont compris sa valeur. Plusieurs ont saisi le service salutaire que l'humilité constitue dans la vie sur terre. Ils ont constaté fort merveilleusement les bénéfices considérables qu'elle génère dans une vie. Pour cela, ils s'en servent pour accomplir leurs ambitions, leur rêve, leur destinée. Malheureusement, l'abus qui est fait à cette vertu d'origine divine préoccupe de manière lancinante. Cette utilisation abusive vient dénaturer sa substance première. Ce faisant, on aboutit à une pluralité d'humilités humaines. L'homme s'est approprié cette grandeur divine afin de bien se servir dans le monde. Ce qui était une fin est littéralement devenu un moyen perspicace au service du moi : la fausse humilité. Par ailleurs, les orgueilleux qui ciraient des airs de grandeur due à leur moralité apparemment impeccable, se trouvent fracassés quand leur humanité les trahit. Forcés par les circonstances humiliantes, ils reconnaissent la place de l'humilité pour essayer de reconquérir les cœurs des anciens fans : l'humilité coercitive. D'autres encore, timorés de nature et reconnaissant un peu la vanité de l'arrogance, essayent subtilement de gagner quelque bribe de regards favorables et la validation des autres en couvrant le moi avec la tenue de la simplicité : l'humilité contrefaite. D'autres encore connaissant la force de frappe que revêt l'humilité, l'utilise comme principe pour se faire un nom sous le soleil : l'humilité-principe. Voilà quelques aspects d'humilité perçus par l'Homme que nous allons succinctement présenter dans ce chapitre.

- **La fausse humilité**

La conscience humaine au détriment de la conscience de Dieu est la plus grande tragédie dans laquelle l'humanité a été plongée. Le serpent avait enseigné à l'humain à considérer fondamentalement l'importance de sa personne, de son nom, de son œuvre et de ses possessions. Et cette connaissance forte de l'Homme sur lui-même se démontre au quotidien si bien qu'il fait désormais tout pour que celle-ci soit reconnue et honorée à juste titre. Ayant remarqué les bénéfices que l'humilité en tant que moyen génère, l'Homme s'est d'un pas ferme rapproché d'elle. Il l'a invitée et l'a sollicitée pour lui rendre des services. La fausse humilité prend racine dans la réalisation des plus-values et de la valeur ajoutée que l'humilité authentique apporte. Elle est une appropriation dénaturée de l'humilité par l'homme pour servir le moi dont il est pleinement devenu conscient. C'est l'un des abus de la vertu de l'humilité. Elle est une simplicité masquée hébergeant la volonté forte de déifier le moi. Elle se manifeste par l'hypocrisie, le jeu de personnages, les réclamations de toutes sortes, la flatterie et une simplicité mesquine et superficielle. La fausse humilité est l'orgueil déguisé en habits de simplicité afin de mieux se révéler. Elle méprise l'entité humilité. Ce qui l'intéresse, c'est ce qu'elle peut accomplir au travers d'elle. L'humilité fausse est un objet au service du moi déifié. La vraie humilité par du fond du cœur et coule vers l'extérieur. Or la fausse humilité par des lèvres pour l'extérieur. En d'autres termes, elle vient de l'extérieur vers l'extérieur. La fausse humilité utilise l'humilité comme un appât qui lui permet d'attraper sa proie. Le milieu chrétien est de plus en plus reconnu par les titres pompeux que plusieurs membres du clergé imposent sur eux-mêmes pour signifier leur autorité et la grandeur de leur personne. Le gros paradoxe que je cherche toujours à comprendre est celui-ci : j'entends plusieurs dirigeants du corps de Christ, dire : je suis votre humble serviteur, mais j'exige que mon autorité soit reconnue. J'ai travaillé avec un frère, il y a plus de dix ans en arrière. Nous nous sommes rencontrés récemment et nous échangions sur l'œuvre et la fidélité de Dieu. Au moment de notre séparation, je l'appelai pasteur. En signe de désapprobation, il me dit : frère Richard, je ne suis plus seulement pasteur ; maintenant, je suis l'apôtre... Le connaissant personnellement, je souris et m'exclamai ! Puis on se sépara. J'ai souvent aussi raconté l'histoire de ce frère qui arborait un air de serviteur humble et soumis auprès d'une famille qui lui versait quelques faveurs. Aussi longtemps que son intérêt égoïste était garanti, il faisait tout et à tous. Mais lorsque les bonifications et les compensations lui furent retirées dues à son attitude déplaisante, il devint méconnaissable. Nous étions sollicités pour aider cette famille à déménager. Donc j'allai vers le frère, sous la suggestion faite par un membre de ladite famille, pour lui demander s'il était disponible pour donner un coup de main. Il me répondit de la plus vile des manières. Combien d'hommes de Dieu avez-vous entendu dire devant les membres de l'église : je suis votre fidèle serviteur, mais qui exigent que leur titre soit respecté, que leur honneur soit reconnu et que leur révérence soit saluée ? J'ai vu plusieurs personnes dans le corps de Christ manifester une soumission phénoménale devant le dirigeant général, mais le maudire par les ragots, la diatribe et les remarques acerbes dans les coulisses. Combien de personnes avez-vous vu refuser de suggérer en privé au dirigeant principal certaines idées pertinentes pour le bon fonctionnement d'une opération ou d'un aspect du ministère, mais qui attendent uniquement quand celui-ci est en pleine assemblée pour le faire ? Les ramifications de la fausse humilité sont multiples et variées. Cependant ceux qui l'emploient se reconnaissent très bien. Je me rappelle d'un frère qui avait été nommé dirigeant d'une assemblée de la zone de laquelle j'étais membre. Nous travaillions tous sous la supervision du pasteur de la zone. Quand il fut élevé en autorité, je m'approchai et lui suggérai de voir l'ancien pour mieux asseoir son autorité. Il me dit qu'il le ferait, mais ne le fit pas. Quand l'ancien de la zone arrivait dans ce centre, il signalait sa présence aux yeux de tous, mais cela s'arrêtait dans la salle. Après cela, il n'y avait aucun lien de coopération.

« Après cela, Absalom se procura un char et des chevaux, et cinquante hommes qui couraient devant lui. Il se levait de bon matin, et se tenait au bord du chemin de la porte. Et chaque fois qu'un homme ayant une contestation se rendait vers le roi pour obtenir un jugement, Absalom l'appelait, et disait : De quelle ville es-tu ? Lorsqu'il avait répondu : Je suis d'une

telle tribu d'Israël, Absalom lui disait : Vois, ta cause est bonne et juste ; mais personne de chez le roi ne t'écoutera. Absalom disait : Qui m'établira juge dans le pays ? Tout homme qui aurait une contestation et un procès viendrait à moi, et je lui ferais justice. <u>Et quand quelqu'un s'approchait pour se prosterner devant lui, il lui tendait la main, le saisissait et l'embrassait.</u> Absalom agissait ainsi à l'égard de tous ceux d'Israël, qui se rendaient vers le roi pour demander justice. Et Absalom gagnait le cœur des gens d'Israël. » (2 Samuel 15 : 1-6)

Absalom prépare un coup d'état contre le roi, son Père. Mais ici il fait preuve d'une humilité incroyable. Il réussit à gagner le cœur du peuple, mais pour quel but ? Il veut prendre la place de son père, mais il utilise l'humilité pour cette fin. Il abandonne son père et crée une plateforme humanitaire dans un lieu stratégique. Le but était la glorification de soi. Il aurait pu mettre au service de son père ses compétences. Mais il se servit de l'humilité pour capitaliser une place de choix auprès du peuple qui faciliterait son ascension luciférienne.

J'ai connu cette forme d'humilité charnelle. Chez moi, elle se manifestait par le désir de prêcher le sermon qui captive le plus. Dis-moi comment se manifeste ta fausse humilité ? Est-ce par la réclamation de l'honneur dû à ton titre de pasteur, d'évêque, de docteur, de révérend, de son éminence ? Est-ce par le désir d'être vu, entendu et apprécié ? Est-ce par le refus de faire le travail vil au profit de celui ou ta personnalité, tes compétences de fanfaron sont mises en branle ?

Il est important de reconnaitre comment se manifeste la fausse humilité chez toi et renoncer à cela.

Seigneur, je reconnais avoir pratiqué la fausse humilité. J'y renonce maintenant. Je me repens d'avoir pratiqué la fausse humilité. Je réclame le sang de Christ pour me sortir de la tyrannie de l'orgueil et me plonger dans l'humilité bénie au nom de Jésus Christ. Amen !

• **L'humilité coercitive**

L'autre abus qui est fait à l'humilité est la force des circonstances. L'humiliation est souvent le carrefour qui conduit certaines personnes rengorgées à reconnaitre la valeur de l'humilité. Poussés par la contrainte d'une situation dont la seule issue est l'humilité, plusieurs acceptent le chemin de l'humilité. L'humilité coercitive est une autre forme d'humilité humaine qui prend corps à partir de la seule lumière disponible dans le labyrinthe de la vie. Ce type d'humilité est fortement présent dans la Bible. Le Seigneur s'en sert généralement pour ramener Ses enfants engagés dans le chemin de l'égarement. Bien qu'elle soit bonne, elle n'est pas suffisante. Elle concerne les fanfarons, les rebelles, les incrédules et ceux qui ont un esprit hautain. Elle a été créée comme roue de secours pour dé-narcissiser les orgueilleux et les pédants. Elle passe par l'humiliation et se révèle par elle. Parfois, on se sent super puissant, fortement immunisé contre certaines fautes, erreurs ou désobligeances, jusqu'au moment où le contraire se produit, on cire des airs de grandeur. Mais la tragédie pointe à l'horizon, on se sent tout petit, et c'est en ce moment qu'on confesse qu'on n'est rien. La vraie humilité ne se manifeste pas par l'humiliation. On le verra dans le dernier chapitre de ce livre. Jésus était humain à cent pour cent et divin à cent pour cent. En tant que tel, Il avait tout de Dieu, mais ne s'est jamais enorgueilli ; il avait aussi tout d'un homme, mais n'est pas passé par l'humiliation pour devenir humble. Tout en lui incarnait l'humilité. Cette forme d'humilité est contemporaine. Et chacun s'y reconnait fort bien. Moi en premier ! Quand je me suis converti véritablement, je m'étais dit qu'il y a certaines erreurs que je ne pourrai plus faire. Je m'étais aussi convaincu qu'il y a certains péchés que je ne pourrai commettre. Bien qu'il m'arrivât des fois d'entretenir des pensées impures dans mon cœur, je me croyais vacciné contre ces péchés. Et un jour, ce que je redoutais se produisit. Je me sentis si misérable, sale et indigne de porter le nom d'enfant de Dieu. Je me mis à pleurer à chaudes larmes. Mon monde intérieur s'effondra. Ma crédibilité bâtie sur ma position en tant qu'enfant de Dieu sérieux et craignant le Seigneur se réduisit en cendres. Je me sentis si indigne. Je reconnus que de moi-même, je ne pouvais pas à partir de la puissance de la chair, mener une vie qui honore le Seigneur. Citons à présent quelques passages bibliques et considérons ce en quoi consiste l'humilité coercitive.

« L'Eternel envoya Nathan vers David. Et Nathan vint à lui, et lui dit : Il y avait dans une ville deux hommes, l'un riche et l'autre pauvre. Le riche avait des brebis et des bœufs en très grand nombre. Le pauvre n'avait rien du tout qu'une petite brebis, qu'il avait achetée ; il la nourrissait, et elle grandissait chez lui avec ses enfants ; elle mangeait de son pain, buvait dans sa coupe, dormait sur son sein, et il la regardait comme sa fille. Un voyageur arriva chez l'homme riche. Et le riche n'a pas voulu toucher à ses brebis ou à ses bœufs, pour préparer un repas au voyageur qui était venu chez lui ; il a pris la brebis du pauvre, et l'a apprêtée pour l'homme qui était venu chez lui. <u>La colère de David s'enflamma violemment contre cet homme, et il dit à</u>

<u>Nathan : L'Eternel est vivant ! L'homme qui a fait cela mérite la mort.</u> Et il rendra quatre brebis, pour avoir commis cette action et pour avoir été sans pitié. Et Nathan dit à David : Tu es cet homme-là ! Ainsi parle l'Eternel, le Dieu d'Israël : Je t'ai oint pour roi sur Israël, et je t'ai délivré de la main de Saül. Je t'ai mis en possession de la maison de ton maître, j'ai placé dans ton sein les femmes de ton maître, et je t'ai donné la maison d'Israël et de Juda. Et si cela eût été peu, j'y aurais encore ajouté. Pourquoi donc as-tu méprisé la parole de l'Eternel, en faisant ce qui est mal à ses yeux ? Tu as frappé de l'épée Urie, le Héthien ; tu as pris sa femme pour en faire ta femme, et lui, tu l'as tué par l'épée des fils d'Ammon. Maintenant, l'épée ne s'éloignera jamais de ta maison, parce que tu m'as méprisé, et parce que tu as pris la femme d'Urie, le Héthien, pour en faire ta femme. <u>David dit à Nathan : J'ai péché contre l'Eternel ! Et Nathan dit à David : L'Eternel</u>

pardonne ton péché, tu ne mourras point. » (2 Samuel 12 : 1-10 ; 13)

L'utilisation de l'allégorie avait permis de découvrir l'orgueil tapis dans les profondeurs du cœur de David. Quand nous considérons sa réaction à la fin du récit allégorique fait par le prophète Nathan, nous nous rendons effectivement compte de l'absence d'humilité de David à ce moment précis. Il était animé d'une colère enracinée dans le moi et non dans le souci d'établir une justice divine. La preuve de cette assertion est sa réaction quand il apprend que l'homme dont il est question dans la trame narrative, c'est lui, le roi David. Il reconnait son péché et demande pardon. Or pour l'autre, il souhaitait qu'il soit tué. Lui qui venait d'affirmer sa grandeur devant l'homme imaginaire de l'histoire, admet sa petitesse. Lui qui vient de manifester l'orgueil, s'humilie quand il se rend compte qu'il est en réalité le monsieur dans l'histoire. L'humilité coercitive est celle qui confronte et expose la prétention d'une personne à l'égard d'elle-même. Elle vient briser la présomption et l'arrogance et conduire une personne aux pieds de la croix.

« **Mais Manassé fut cause que Juda et les habitants de Jérusalem s'égarèrent et firent le mal plus que les nations que l'Eternel avait détruites devant les enfants d'Israël. L'Eternel parla à Manassé et à son peuple, et ils n'y firent point attention. Alors l'Eternel fit venir contre eux les chefs de l'armée du roi d'Assyrie, qui saisirent Manassé et le mirent dans les fers ; ils le lièrent avec des chaînes d'airain, et le menèrent à Babylone. <u>Lorsqu'il fut dans la détresse, il implora l'Eternel, son Dieu, et il s'humilia profondément devant le Dieu de ses pères.</u> Il lui adressa ses prières ; et l'Eternel, se laissant fléchir, exauça ses supplications, et le ramena à Jérusalem dans son royaume. Et Manassé reconnut que l'Eternel est Dieu. » (2 Chroniques 33 : 9-13)**

L'histoire du roi Manassé est très indiquée pour parler de l'humilité coercitive. Idolâtre invétéré, il passa la quasi-totalité de sa vie dans l'adoration des astartés. Et emmené en captivité à Babylone, il s'humilie et reconnait la divinité et la transcendance de Dieu. Manassé, fils d'un grand homme de Dieu, développa très tôt une vie d'indépendance vis-à-vis de Dieu. Pour lui, il n'avait pas besoin de Dieu. Il se suffisait. Il avait tout ce dont il avait besoin et pour cette raison, il ne voyait pas la nécessité d'entretenir une relation avec l'Eternel, Dieu. Pour lui encore, Dieu était un vulgaire Seigneur qui utilise les hommes comme des marionnettes. Ne pouvant pas accepter cela, il n'accorda aucune attention à l'Eternel, le Dieu auquel son père biologique, Ezéchias, avait voué toute sa vie. Son moi était trop élevé pour vivre ce que vivait son père. Il voulut être original en allant vers les dieux étrangers. C'est alors qu'il se tourna vers l'adoration de la créature. Mais plus tard, les éléments sur lesquels reposait son orgueil, ne sont plus là. Il est appréhendé, écroué et emmené en captivité à Babylone. Dans les chaines de l'esclavage, il prend conscience de sa petitesse. L'humiliation lui enseigne la vertu de l'humilité. Croupissant sous le fardeau du joug babylonien, il se rappelle que son père était bien. Il se souvient aussi de l'humilité de son père. C'est ainsi qu'il prend les dispositions intérieures pour retrouver le Dieu de son père, qu'il avait tant méprisé. Il va apprendre l'humilité par contrainte. N'ayant plus aucun élément sur lequel s'appuyer pour lui permettre de sortir du giron de l'esclavagisme babylonien, il se sert de l'humilité. L'humilité coercitive est la conscience de la petitesse humaine révélée par l'humiliation.

Le fils prodigue a aussi manifesté cette forme d'humilité. Lisons : « **Il dit encore : Un homme avait deux fils. Le plus jeune dit à son père : Mon père, donne-moi la part de bien qui doit me revenir. Et le père leur partagea son bien. Peu de jours après, le plus jeune fils, ayant tout ramassé, partit pour un pays éloigné, où il dissipa son bien en vivant dans la débauche. Lorsqu'il eut tout dépensé, une grande famine survint dans ce pays, et il commença à se trouver dans le besoin. Il alla se mettre au service d'un des habitants du pays, qui l'envoya dans ses champs garder les pourceaux. Il aurait bien voulu se rassasier des** carouges que mangeaient les pourceaux, mais personne ne lui en donnait. Etant rentré en lui-même, il se dit : Combien de mercenaires chez mon père ont du pain en abondance, et moi, ici, je meurs de faim ! Je me lèverai, j'irai vers mon père, et je lui dirai : Mon père, j'ai péché contre le ciel et contre toi, je ne suis plus digne d'être appelé ton fils ; traite-moi comme l'un de tes mercenaires. Et il se leva, et alla vers son père. Comme il était encore loin, son père le vit et fut ému de compassion, il courut se jeter à son cou et le baisa. » (Luc 15 : 11-20)**

La vie de l'enfant prodige est similaire à celle de plusieurs personnes. Nous recevons des choses de Dieu via nos parents, la société, le travail ou directement par Dieu Lui-même, puis nous nous éloignons de la source qui nous a donné tout ce dont nous disposons. L'athéisme est un éloignement de la source et une preuve d'orgueil. Le matérialisme est une autre forme d'éloignement de Dieu qui met l'emphase sur la matière en reniant ce qui en fait la force. Le scientisme est aussi une distance à l'égard de celui qui donne l'intelligence a toute créature pour s'affirmer et recevoir tous les honneurs. Ceux qui coupent toute connexion avec Dieu, parce qu'ils possèdent tout ce dont ils ont besoin pour vivre normalement sur la terre prennent également une indépendance dans le but d'honorer leur propre personne. Ce fils avait reçu beaucoup de choses et il s'éloigna du père. Le but étant de satisfaire le moi. Tout éloignement de Dieu vise l'exaltation personnelle. Tout ce qui n'est pas initié par le Seigneur a pour objectif de satisfaire l'honneur propre. L'humilité coercitive est l'amour de Dieu tendu à l'homme pour le sortir du feu. Sachant que de telles tendances ne concourent qu'à perdre, le Seigneur intervient de par Sa miséricorde pour donner une voie d'échappatoire. Humilié, le fils cadet reprend le chemin vers sa source. Combien de personnes dans l'église, se vantent parce qu'elles sont physiquement bien formées ? Combien de personnes répondent arrogamment parce qu'elles ont de l'argent ? Combien de personnes parlent avec autant de mépris aux autres dans nos assemblées ? Mais quand un incident se produit, lorsqu'un malheur frappe, et que la beauté parvient à disparaitre, l'argent s'épuise, la connaissance ou le travail n'est plus, alors elles redescendent sur terre et apprennent à être fraternellement abordables. L'humilité coercitive est le fouet de Dieu pour chasser la vanité dans les cœurs et les réaligner dans la voie qui lui est agréable. C'est l'humilité obtenue à partir de l'humiliation. Sans les circonstances humiliantes et déshonorantes, elle n'existe pas. Elle est produite comme conséquence de l'humiliation. Elle puise sa force dans les circonstances contraignantes auxquelles on ne saurait se dissoudre.

- **L'humilité contrefaite**

La contrefaçon est l'imitation d'une chose au préjudice de son auteur. L'humilité contrefaite offense Dieu. C'est celle qui revêt la forme et ne connait rien du fond et du but original qui a provoqué sa manifestation. Elle vise une seule chose : attirer les regards sur le moi. Elle est présente chez les personnes timides et timorés.

Lorsqu'une personne a du mal à attirer naturellement les regards par son éloquence, sa vivacité, son pragmatisme et son audace, elle arbore une allure simple. Le but n'est pas de montrer la valeur de l'humilité mais d'obtenir et d'accrocher quelques regards favorables. Sa timidité l'amène à se retirer dans un coin et de cette manière elle est bien vue en se passant pour inaperçue.

- **L'humilité principe**

Une autre forme d'humilité dont se sert les hommes est le principe d'humilité. Ils savent que l'humilité précède la gloire. Ils reconnaissent l'humilité comme un principe vital qui favorise l'ascension. Ils connaissent l'humilité en tant qu'un des principes majeurs qui hâtent la bénédiction. Ainsi ils ne l'aiment pas pour ce qu'elle est, mais pour ce qu'elle fait. C'est un moyen perspicace qui attirent la faveur divine et la récompense humaine. Si les uns s'humilient parce qu'ils n'ont plus rien (la beauté, le statut, les biens matériels, l'argent, les origines, la politique sociale et la connaissance qui nourrissaient l'orgueil), les autres le font parce qu'ils visent quelque chose. Ils n'ont rien mais aspirent à quelque chose, et l'humilité apparait comme le vecteur qui les propulsent vers l'objectif à atteindre. Ce qui fait que quand ils l'ont atteint, l'orgueil peut reprendre naturellement sa place.

« Asa invoqua l'Eternel, son Dieu, et dit : Eternel, toi seul peux venir en aide au faible comme au fort : viens à notre aide, Eternel, notre Dieu ! car c'est sur toi que nous nous appuyons, et nous sommes venus en ton nom contre cette multitude. Eternel, tu es notre Dieu : que ce ne soit pas l'homme qui l'emporte sur toi ! [...] La trente-neuvième année de son règne, Asa eut les pieds malades au point d'éprouver de grandes souffrances ; même pendant sa maladie, il ne chercha pas l'Eternel, mais il consulta les médecins. » (2 Chroniques 14 :11 ; 16 : 7)

Asa commence sa vie en consultant l'Eternel ; mais il la termine loin du Seigneur. Il commença avec l'humilité et termina avec l'orgueil. Il se servit de l'humilité comme principe pour gagner les batailles contre les Ethiopiens. Généralement, c'est ce qui se passe. Les gens s'humilient et s'approchent de Dieu pour avoir telle ou telle chose de leur rêve. Et dès qu'ils obtiennent ce qu'ils recherchaient, ils oublient Dieu. Plusieurs se comportent comme le roi Asa. Ils utilisent l'humilité comme un moyen vers leur élévation socioprofessionnelle, académique, financière, matérielle, etc. Une fois qu'ils possèdent la chose recherchée, l'orgueil commence à se manifester.

« Il (Ozias) s'appliqua à rechercher Dieu pendant la vie de Zacharie, qui avait l'intelligence des visions de Dieu ; et dans le temps où il rechercha l'Eternel, Dieu le fit prospérer. [...] Mais lorsqu'il fut puissant, son cœur s'éleva pour le perdre. Il pécha contre l'Eternel, son Dieu ; il entra dans le temple de l'Eternel pour brûler les parfums sur l'autel des parfums. [...] Le souverain sacrificateur Azaria et tous les sacrificateurs portèrent les regards sur lui, et voici, il avait la lèpre au front. Ils le mirent précipitamment dehors, et lui-même se

hâta de sortir, parce que l'Eternel l'avait frappé. » (2 Chroniques 26 : 5 ; 16 ; 20)

La vie du roi Ozias est particulièrement préoccupante. Lui qui commence bien avec le Seigneur finit la course de sa vie en tant qu'outsider, lépreux. Il est mis en quarantaine hors du camp pour avoir été frappé de lèpre. La première partie de sa vie fut marquée par l'humilité. Il savait se donner au Seigneur. Il avait connu la vertu incroyable du principe d'humilité pour devenir puissant et influent. Et grâce à la force de l'humilité dont il sut bien se servir, il devint grand et puissant. Et comme une âme haute n'est pas sitôt réduite à s'humilier quand elle est reprise pour un péché commis, il développa la grandeur satanique enseignée à l'université du jardin d'Eden par le professeur serpent. Ayant atteint le paroxysme de la gloire d'après ses ambitions initiales, il se rengorgea. Il sut utiliser le principe d'humilité pour garantir des victoires et acquérir de la notoriété, mais il ne sut pas s'en servir pour demeurer dans la grandeur selon Dieu. Voilà où se trouve le préjudice de l'humilité en tant que simple principe. Connaitre l'humilité comme principe pour accéder à une position plus élevée ou pour acquérir des bénédictions financières, matérielles, etc., ou encore pour avoir de l'influence et de la notoriété est bien ; mais ce n'est pas suffisant. Car la vie ne s'arrête pas quand on a atteint l'objectif visé. Ozias était devenu puissant, mais il devait continuer à vivre en attendant qu'il parte de la terre. Ne connaissant que l'humilité-principe, l'orgueil le rattrapa et le détruisit. Au bout de chaque succès, il est toujours important de se demander : quelle est la finalité de cette réussite ? Qu'est-ce qui a garanti ce succès ? Que faut-il faire pour maintenir le principe correct utilisé et la finalité de cette victoire que j'ai remportée ?

Un autre personnage biblique qui a su utiliser l'humilité comme principe est Amatsia. Ecoutons : « **Lorsque la royauté fut affermie entre ses mains, il fit périr ses serviteurs qui avaient tué son père. [...] Lorsqu'Amatsia fut de retour après la défaite des Edomites, il fit venir les dieux des fils de Séir, et se les établit pour dieux ; il se prosterna devant eux, et leur** offrit des parfums. Alors la colère de l'Eternel s'enflamma contre Amatsia, et il envoya vers lui un prophète qui lui dit : pourquoi as-tu rechercher les dieux de ce peuple, quand ils n'ont pas pu délivrer leur peuple de ta main ? Comme il parlait, Amatsia lui dit : Est-ce que nous t'avons fait conseiller du roi ? Retire-toi ! Pourquoi veux-tu qu'on te frappe ? Le prophète se retira en disant : Je sais que Dieu a résolu de te détruire, parce que tu as fait cela et que tu n'as pas écouté mon conseil.** » (2 Chroniques 25 : 3 ; 14-16)

Amatsia avait réussi à stabiliser la royauté. Il avait aussi remporté une écrasante victoire contre les Edomites. Au bout de ces succès, il s'érigea en véritable fanfaron. Que se passa-t-il dans le cas de ce roi de Juda ? Eh bien, il utilisa l'humilité pour affermir sa royauté. Il s'en servit également pour garantir la victoire contre l'ennemi. Mais il se mit à jouir orgueilleusement de sa réussite. Il prit d'autres dieux qui ne lui ont pas donné la victoire et se mit à les adorer. En d'autres termes, il utilisa l'humilité comme principe pour servir le moi déifié. Sa vie est typique à celle de plusieurs enfants de Dieu, quand on la considère sous l'angle de l'humilité en tant que principe. L'orgueil est un produit de Satan. Combien d'enfants de Dieu s'enorgueillissent après une victoire ? Combien cire des airs de grandeur à la fin d'un programme qui a merveilleusement réussi ? L'orgueil est l'idole qui vient à la suite d'un succès. Et celle-ci offense terriblement le cœur de Dieu.

En dernière analyse, il est indispensable de noter que l'humilité est une vertu qui attire plusieurs faveurs et grâces dans la vie. Seulement, plusieurs ne la connaissent qu'en tant que moyen vers une fin. C'est ce qui explique le dénouement malheureux de plusieurs après avoir enregistré des grandes victoires grâce à ses services. L'appropriation humaine de cette entité divine a conduit à une typologie d'humilités, mesquines pour les unes et légitimes pour les autres. Mais où se trouve la vraie humilité garantissant à la fois l'accès et le maintien du succès jusqu'à la fin du pèlerinage sur terre ?

CHAPITRE 8- LA RAISON PREMIERE DU SACRIFICE ULTIME DE CHRIST

L'une des raisons qui expliquent la continuité de l'orgueil que nous remarquons dans les approches, le comportement et l'attitude de certains enfants de Dieu, est certainement l'ignorance de ceux-ci à l'égard de ce que l'Homme a perdu au jardin d'Eden. En réalité, l'homme n'a pas perdu le pouvoir ou l'autorité ou encore la domination. Ce qu'il a perdu, c'est l'humilité. Plusieurs personnes sont venues à Jésus sans connaitre la raison de son sacrifice. Il est facile de comprendre ce que l'Homme a perdu quand il pécha en considérant la raison première de la mort de christ.

« Et ayant paru comme un simple homme, il s'est humilié lui-même, se rendant obéissant jusqu'à la mort, et à la mort de la croix. » (Philippiens 2 : 8)

Christ n'est pas mort pour que les uns aient un travail. Il n'est pas mort non plus pour que les autres forment une organisation ecclésiastique. « Le Fils de l'homme est venu chercher et sauver **ce qui était perdu**. » **(Luc 19 :10)**

De toutes les versions (Annotée, Louis Second, Parole Vivante, Semeur, Ostervald, Martin, Darby, et les versions anglaises, etc.) que j'ai consultées, la même expression est reproduite. On ne parle pas de ceux qui étaient perdus, mais de **ce** qui était perdu. La perte est celle d'une chose et non d'une personne. Il s'agit de quelque chose que l'Homme a perdu. Et ayant perdu cette chose, il a été privé de la gloire de Dieu. Et le Seigneur Jésus dit qu'il est venu sur terre vivre et mourir pour cette chose. Et la question est qu'est-ce qui a été perdu ? C'est afin de restaurer ce qui a été perdu que le Seigneur est mort à la croix. L'apôtre Paul inspiré par le Saint-Esprit, nous dit qu'il est mort par humilité. Ce que l'Homme a perdu au Jardin d'Eden et ce que le Seigneur Jésus est venu redonner à l'homme par Son sacrifice à la croix est l'humilité. Ainsi la raison première du sacrifice de Christ à la croix est celle de la renaissance de l'humilité. Ce que l'Homme a perdu est une chose qui compte plus pour le Seigneur. L'humilité est la chose que l'Homme a sacrifiée. Ce n'était pas l'argent, ni les biens immobiliers qu'il avait perdus. Il ne perdit pas le pouvoir. Les non croyants ont beaucoup d'argent. Jeff Bezos (l'homme le plus riche du monde actuellement) n'est pas un chrétien. Il perdit l'unique chose qui maintenait sa relation avec Dieu. Il perdit l'unique chose qui le gardait en communion avec le Seigneur. Ainsi la raison principale qui entraina le Fils de Dieu à la croix fut celle de reconquérir et de réintroduire cette chose dans l'être de l'homme. Le sacrifice ultime de Christ, c'est la renaissance de l'humilité. Dieu, pour restaurer la vertu de l'humilité, envoya Son Fils sur le bois du calvaire. Christ est mort pour restaurer l'humilité. Il n'est pas mort pour redonner à l'homme le pouvoir, la domination, la bénédiction matérielle ou l'influence ou encore la célébrité. Ces choses sont les conséquences de la restauration de la chose que le Père chérit, à savoir l'humilité. Le nombre considérable d'enfants de Dieu fanfarons, de pasteurs vantards et grandiloquents, de chrétiens hautains et orgueilleux explique le passage loin de la plaque de cette vérité. Pour plusieurs, Christ s'est fait malédiction afin que nous soyons bénédiction de Dieu en Abraham. Ce qui est vrai. C'est la prospérité qui est la grâce que le Seigneur Jésus est venu redonner à l'homme. C'est ce qui explique toute l'arrogance avec laquelle ils se vantent de leur patrimoine. Pour d'autres encore, c'est pour le ministère que Christ est mort. Ainsi ils fulminent de colère lorsque les choses ne vont pas telles qu'elles le devraient. Au jardin d'Eden, l'humilité était marquée par l'obéissance à ce que Dieu avait dit. Et la désobéissance à cela tua l'humilité et introduisit l'orgueil. La mort de Christ est une marque d'humilité. Il obéit au Père. Tout ce que l'homme perd, c'est toujours en rapport avec cette chose. Ayant perdu l'humilité, l'homme perdit la présence de Dieu. Il perdit aussi le contrôle sur le reste des créatures de Dieu qui lui étaient soumises. Tout ce que l'Homme gagne ou recouvre, c'est toujours en rapport avec l'humilité. Ainsi Christ à travers Sa mort au calvaire, a restauré la place non négociable de l'humilité. L'humilité perdue par l'acte délibéré de désobéissance de l'Homme est la raison première du sacrifice ultime de Christ. Quelle est l'implication de cette vérité ? Toute personne qui vient à Christ et garde l'orgueil ne le connait pas. Elle n'est pas son disciple. Toute personne pédante, orgueilleuse ne sera pas sauvée. Le Fils de l'homme est venu chercher et sauver ce qui était perdu. En d'autres termes, celui qui ne s'identifie pas à l'humilité que sa mort est venue réintroduire ne sera pas sauvé. Le pasteur arrogant qui dirige un groupe de personnes ne connait pas Christ. La mort de Christ ne s'apprécie pas aux bénédictions financières qu'elle apporte. Elle ne se mesure pas non plus à la masse de personnes qu'on a réussi à constituer. Elle n'est pas non plus déterminée par l'influence et la célébrité qu'elle provoque. Elle est essentiellement et fondamentalement mesurée par l'humilité intégrée. Avoir des actions, des parts salariales importantes ; posséder de biens matériels considérables ; avoir un compte bancaire bien fourni ; avoir une foule de personnes qui suit ; diriger une grande organisation sans l'humilité équivaut à zéro. Ignorer ou mépriser l'humilité, c'est ignorer et mépriser l'œuvre de la croix. Tout croyant orgueilleux insulte le service de la croix. Tout chrétien fanfaron et hautain ne connait pas le chemin de la croix de Christ. Notre compréhension de la mort de Christ à la croix doit être en rapport avec l'humilité restaurée. Si nous voyons seulement le secret de la bénédiction, le moyen pour obtenir les faveurs matérielles, alors nous sommes réellement aveugles. L'aveuglement spirituel est l'incapacité satanique qui empêche de voir la mort de Christ en tant que raison ultime pour restaurer l'humilité perdue. Celui qui ne voit pas en la mort de Christ, la renaissance de l'humilité perdue au jardin d'Eden, ne sait rien de la vie chrétienne. La connaissance de la vie chrétienne doit être mesurée par la compréhension et l'établissement de cette vérité. Le chrétien le plus ignorant est celui qui ne voit pas la mort de Christ comme restauration de l'humilité perdue. L'abus de la croix du Seigneur Jésus Christ, c'est sa réduction au simple outil pour obtenir des grâces terrestres. La pénurie de l'humilité dans le corps de Christ est liée à la trivialisation de la mort de Christ au calvaire. Le but du calvaire a été de retrouver et sauver l'humilité. L'objet de la croix, a été de redonner à l'homme ce qu'il avait perdu. S'identifier à la croix, c'est reconnaitre son objectif : le recouvrement de l'humilité. Celui qui dit s'identifier à la croix de Christ, tout en continuant dans l'exubérance et la pédanterie se moque de lui-même. La croix de Christ, c'est Dieu réintroduisant en l'homme la chose qu'il lui avait donnée. Celui qui voit en la mort du Seigneur Jésus, l'ultime moyen de Dieu pour lui redonner l'humilité a tout compris. C'est un vrai gagnant. La valeur de l'humilité se comprend mieux quand on la rapproche au supplice que Christ a subi à la croix. L'humilité est quelque chose d'extrêmement précieux aux yeux du Père. Christ étant mort pour recouvrer l'humilité, sa place dans la vie du disciple est incontournable. Ce n'est pas juste un moyen pour être matériellement et ministériellement béni, notre salut éternel en dépend. Celui qui comprend ce que l'humilité a coûté à Dieu saura quoi faire de l'orgueil. Ceux qui ne connaissent pas la place de l'humilité dans le cœur de Dieu peuvent jouer avec l'orgueil. Les gens qui s'identifient plus à la fatuité expriment leur ignorance en matière de la place prépondérante que l'humilité occupe dans le sein du Père. J'aimerais te demander à présent : quelle est ton attitude envers l'humilité ? Apprécies-tu la compagnie de l'orgueil ou celle de la simplicité ? Quelle place l'humilité occupe-t-elle dans ton cœur ? Quelle est sa place dans tes œuvres ? Quelle valeur représente-t-elle dans tes possessions ? Quelle portion d'espace lui donnes-tu dans tes relations interpersonnelles ? La réponse que tu donneras à chacune de ces questions détermine la compréhension que tu as du sacrifice ultime de Christ à la croix. Ceux qui connaissent la puissance libérée par la croix de Christ pour briser les malédictions de la pauvreté matérielle et financière, mais ignorent celle qui renverse la malédiction la plus tenace, l'orgueil, n'ont pas encore découvert la véritable puissance de la croix. C'est bien de convoquer la puissance du calvaire pour sortir de la pauvreté financière, matérielle, sociale, intellectuelle ou conjugale ;

mais c'est mieux de supplier la puissance relâchée par le sacrifice ultime pour sortir de l'arrogance. De tous les aspects de la puissance divine disponible grâce à la croix, celui qui sert à neutraliser les liens de l'orgueil est le plus important. Peut-être es-tu en ce moment en train de réclamer l'intervention de la puissance divine pour capitaliser tes affaires, asseoir ton hégémonie ecclésiastique, ton autorité ministérielle, ta santé physique, ta vie conjugale ou tes bien matériels, c'est bien. Mais tu devras d'abord et toujours demander la puissance divine pour vivre dans l'humilité. C'est la raison fondamentale de la croix. La croix de Christ libère beaucoup de grâces. Elle accorde plusieurs faveurs. Elle est disponible pour chasser les démons de la dépression ; elle est là pour briser les forteresses ténébreuses qui luttent contre l'épanouissement des chrétiens ; elle est également disponible pour apporter les bénédictions de toutes sortes ; mais elle est d'abord là pour restaurer l'humilité dans le cœur et la vie de l'homme en rapport avec Dieu. Celui qui découvre les autres bénéfices de la croix excepté celui qui bénit avec l'humilité est un vrai perdant. L'humilité est pour la croix du calvaire ce que la tête est pour le corps. Une personne peut continuer de vivre même si elle n'a pas de jambes. Elle peut continuer de vivre si elle n'a pas de bras (Nick vijucic, pasteur australien de 38 ans, se trouve dans les deux cas, mais continue de vivre). Mais si la tête est séparée du reste du corps, la personne cesse de vivre. Ainsi est l'humilité à l'égard de la croix. Celui qui ne connait pas la puissance de la croix pour sortir de la pauvreté financière, mais connait la croix dans sa capacité de produire l'humilité est un champion (Lazare connaissait la puissance de l'humilité, mais l'homme riche connaissait la puissance de la bénédiction matérielle tout en ignorant la force de l'humilité. Résultat final : le riche termine en enfer tandis que Lazare jouit de la félicité éternelle au ciel). Par contre, celui qui sait déclencher la puissance de la croix pour la guérison, mais ignore celle qui plonge dans une vie d'humilité a échoué. Il lui manque encore quelque chose. Il doit rechercher ardemment la puissance qui libère des griffes de l'orgueil. La vérité est que les tentacules de l'orgueil sont plus tenaces que ceux de la pauvreté. Il a fallu la croix pour renverser son régime. Et il faut la croix pour évincer la tyrannie de l'arrogance. La découverte de la valeur de la croix réside dans la rencontre de la puissance qui détrône la fanfaronnade. L'objectif premier de la crucifixion du Seigneur Jésus a été le triomphe de l'humilité. Pour libérer l'humilité prise en otage depuis plus de quatre mille ans, Dieu a envoyé Jésus mourir à la croix. Sa mort sur le bois du calvaire nous rachète d'abord de la malédiction de l'orgueil. Elle nous délivre premièrement de la captivité de l'arrogance. Elle est là pour nous affranchir de la domination du tyran appelé orgueil. C'est d'abord à ce niveau que la victoire de la croix doit s'apprécier. La personne qui bénéficie le plus de l'œuvre du sacrifice ultime, c'est celui qui recouvre l'humilité initiale. Si la croix a déjà touché tes mains (bénédiction matérielles), c'est bien. Si elle a également touché tes pieds (succès dans le ministère), c'est encore bien. Si elle a aussi touché ton corps (faveurs de toutes sortes), c'est très bien. Si elle a touché ta tête (salut éternel), c'est parfait. La plus grande expérience de la croix dans la vie d'une personne, c'est celle en rapport avec l'humilité. Je peux vivre des instants de miracles époustouflants ; je peux aussi connaitre un succès retentissant dans le ministère. Je pourrai aussi expérimenter des grâces phénoménales au niveau des affaires. Mais si je n'ai pas encore connu la victoire de Christ sur l'orgueil, alors je n'ai encore rien vu. Le regard porté sur la croix accorde très peu d'attention sur ce but majeur. Lorsqu'il y est porté, il s'attarde sur la puissance pour chasser les esprits de l'immoralité, de masturbation, d'ivrognerie, d'infirmité, de maladies diverses, de misère, de précarité, de dépendance d'une certaine substance, de cleptomanie, de mythomanie, de nymphomanie. Mais il outre-passe le plus souvent la puissance qui renverse les poutres de l'orgueil, démet les colonnes de l'arrogance, fragilise et affranchit les prisonniers de la fanfaronnade. Et cette méconnaissance de la puissance de la croix pour déposséder l'orgueil de ses racines, le chasser et établir l'humilité cause tous les problèmes que l'église traverse actuellement. La plus grosse marque d'ignorance quand on regarde à la croix, est celle qui consiste à voir tous les autres aspects de Sa puissance divine excepté celui du retour de l'humilité. J'aimerais te demander : Connais-tu la croix de Christ ? Connais-tu la raison première de la mort et de la résurrection du Christ ? A quel aspect de la puissance divine libérée à la croix t'identifies-tu le plus ? Quand tu poses tes regards sur la croix, que vois-tu en premier ? Quand tu songes à l'utilité de l'œuvre du calvaire te connaissant, à quel aspect de celle-ci te reconnais-tu le mieux ? Si tu es honnête envers toi-même, tu remarqueras que l'humilité est peut-être très loin de toi. Tu la vois juste comme un moyen pour ton ascension dans le ministère ou un principe important pour créer des faveurs et opportunités, mais pas en tant que raison ultime pour relever l'humilité. Tu te rendras aussi compte que tu as moins considéré et réclamé la puissance de Dieu rendue disponible à la croix pour connaitre une vie d'humilité continuelle. Tu constateras certainement, que tu as constamment réclamé le sang de Jésus pour te protéger, pour te purifier des pensées impures, sa puissance pour sauver telle personne de ses péchés, ou pour guérir telle autre personne souffrant d'une maladie particulière, ou encore sa bénédiction matérielle, financière, intellectuelle. Si nous prenons un échantillon de mille croyants, seulement trois pour cent sera identifié à cette vérité. Quatre-vingt- dix-sept pour cent ne le sera pas. Cela étant, il nous faut crier au Seigneur maintenant :

Oh Seigneur, je confesse que c'est une vérité à propos de laquelle je suis entièrement ignorant. J'ai regardé à la croix pour voir la puissance pour chasser les démons et les méchants esprits. Je me suis approché de la croix pour puiser la puissance qui brise les malédictions matérielles, financières, intellectuelles et physiques. J'ai méprisé la puissance pour sortir de la tyrannie de l'orgueil. En ce jour, Père, je comprends que Christ est mort premièrement dans le but de restaurer l'humilité perdue. Je regrette pour cette méprise et cette imprudence périlleuses. Je te supplie Père de me pardonner. Je comprends maintenant mieux la ténacité de ma vie orgueilleuse, prétentieuse et fanfaronne. Je m'en repens Seigneur. Au nom de Jésus

Christ, je brise la force tyrannique de l'orgueil sur ma vie. Au nom puissant de Jésus Christ, je détruis toutes racines d'orgueil dans ma vie. Je chasse tous démons nourrissant et encadrant l'orgueil dans ma vie. Père, que la puissance de la croix soit libérée maintenant pour me sortir du giron de l'esclavage de l'orgueil. Je me bénis avec l'humilité en tant que bénéfice principal de l'œuvre de la croix de Christ. Je me bénis avec la puissance de l'humilité pour me garder sur le chemin de la foi agréable au Père, jusqu'à ce que je quitte cette terre au nom de Jésus Christ. Amen !

CHAPITRE 9- L'INCARNATION DE L'HUMILITE

Pour comprendre mieux la place que l'humilité occupe dans le cœur du Père, aussi visualiser qu'elle est la chose que l'Homme a perdu par la désobéissance, Dieu a chargé une personne pour la matérialiser sur terre, afin que les hommes qui s'identifieraient à cette personne regagne le cœur du Père. Le Seigneur Jésus n'est pas seulement mort pour démontrer que Sa venue fut celle de rétablir le règne de l'humilité dans la vie de l'homme sur terre. Il est venu dans le vêtement de l'humilité, a vécu par elle et s'est rendu à la mort avec elle. Christ est l'humilité incarnée de Dieu. Sa venue sur terre fut un acte d'humilité ; sa vie sur terre (sa personne, ses dires, son œuvre, son comportement envers les autres, son enseignement, ses possessions) fut une vie d'humilité ; et sa mort à la croix fut aussi un acte d'humilité. L'humilité était perceptible dans sa vie en tous points de vue. L'humilité est un concept vide et abstrait sans éléments acoustiques qui le matérialisent. L'incarnation de l'humilité renvoie à l'obéissance, au service, à la poursuite de la volonté d'un autre, à la compréhension de la situation de l'autre, à la recherche de la gloire de l'autre, à l'accomplissement de son travail en toute simplicité sans cirer des airs de grandeur, à parler avec amour, à exemplariser une sagesse et une intelligence extraordinaires sans s'enorgueillir. Considérons à présent le Seigneur Jésus Christ révélant cette chose qui importe beaucoup aux yeux du Père.

- **La venue de Jésus Christ sur terre, une démonstration d'humilité**

« J'entendis la voix du Seigneur, disant : qui enverrai-je, et qui marchera pour nous ? Je répondis : Me voici, envoie-moi. » (Esaïe 6 : 8)

Lorsque les fils de Dieu se rassemblèrent, l'Eternel Dieu demanda à Satan qui s'était invité où il était. Celui-ci lui répondit qu'il venait de parcourir la terre. Contrairement au diable qui prend ses décisions tout seul et ne consulte personne quand il fait ses déplacements sur la terre, le Seigneur Jésus vint sur terre parce que le conseil divin voulait en fin recouvrer l'élément perdu qui chassa l'homme de la présence de Dieu. La décision de venir sur la terre avait été prise par le Conseil Divin, et il fallait une personne pour l'exécuter. C'est alors que le Fils de l'Homme accepta de descendre vivre sur la terre. Ce n'était pas par ambition personnelle qu'il vînt ici-bas. Faisant partie du Conseil Céleste qui avait siégé et légiféré cette décision, il se porta garant de venir habiter sur la terre des humains. L'humilité du Seigneur Jésus se démarque par Son acceptation volontaire à venir sur terre. Sa descente est une démonstration d'humilité. Il n'était pas obligé de venir ; mais il accepta de le faire. Sa venue est justifiée par la nécessité de démontrer sa modestie, sa simplicité. Si nous devons comprendre la raison de la venue de Christ sur terre, c'est d'abord au niveau du témoignage à rendre à l'humilité. L'acceptation de descendre puise dans l'humilité de Sa personne.

- ## **La vie de Christ sur terre, une marque d'humilité**

Le lieu de Sa naissance est une marque de l'humilité qu'il incarnait pendant son passage sur terre. Son service à l'humanité en général et aux disciples en particulier était l'humilité incarnée. Son traitement des autres avec amour, respect et circonspection témoigne de la nature simple dont Il était caractérisé. Ses enseignements pleins de sagesse mais saturés de vie incarnaient aussi sa nature humble.

« Pendant qu'ils étaient là, le temps où Marie devait accoucher arriva, et elle enfanta son fils premier-né. Elle l'emmaillota, et le coucha dans une crèche (mangeoire), parce qu'il n'y avait pas de place pour eux dans l'hôtellerie. » (Luc 2 :6-7)

Né dans une étable et couché dans une mangeoire constituent le tout-premier endroit terrestre qui accueillit la venue du Fils unique de Dieu sorti de gloire pour une mission terrestre. Le choix de ce lieu, loin d'être une marque de pauvreté des parents humains de

Jésus, marquait l'accomplissement de la volonté divine qui disposait les choses ainsi. Et que retenir de ce lieu modeste et simple où le Seigneur de gloire naquit ? Sa ville modeste (Bethléhem) et son lieu de naissance vulgaire (une crèche) puisent la décision de leur élection dans la volonté de Dieu. Descendu pour restaurer l'humilité perdue, le lieu de naissance du Seigneur Jésus devait refléter le but de cette mission. Ainsi le Seigneur Jésus incarna l'humilité divine à partir du lieu liminaire qui accueillit sa matérialisation sur terre en tant que Fils de l'Homme. Dieu sachant ce qu'il devait rétablir, choisi un endroit simple, modeste pour révéler Son Fils. Christ ne naquit pas dans la plus luxueuse ville de son époque. Il ne naquit pas non plus dans l'hôpital le plus scintillant de son temps. Et pour quelle raison ? Parce qu'il ne refléterait plus le but pour lequel il était venu. Venu pour réintroduire la valeur de l'humilité, le lieu où il devait naitre devait incarner le but de Sa mission. Il y aurait contradiction, s'il était né dans l'opulence. Le lieu modeste qui le servit de plateforme de révélation dans son incarnation reposait sur la grande sagesse et l'esprit averti du conseil divin qui avait siégé.

« Et toi, Bethléhem Ephrata, Petite entre les milliers de Juda, De toi sortira pour moi Celui qui dominera sur Israël, Et dont l'origine remonte aux temps anciens, Aux jours de l'éternité. » (Esaïe 7 : 14)

L'incarnation de l'humilité divine typifiée par le Seigneur Jésus commença par le choix du lieu simple et trivial qui devait le révéler dans son humanité. Donc l'endroit où il devait naitre devait porter et dégager le but de sa mission.

L'autre aspect où christ incarne l'humilité divine est le service. Lisons : **« Jésus, qui savait que le Père avait remis toutes choses entre ses mains, qu'il était venu de Dieu, et qu'il s'en allait à Dieu, se leva de table, ôta ses vêtements, et prit un linge, dont il se ceignit. Ensuite il versa de l'eau dans un bassin, et il se mit à laver les pieds des disciples, et à les essuyer avec le linge dont il était ceint. Il vint donc à Simon Pierre ; et Pierre lui dit :**

Toi, Seigneur, tu me laves les pieds ! Jésus lui répondit : Ce que je fais, tu ne le comprends pas maintenant, mais tu le comprendras bientôt. Pierre lui dit : Non, jamais tu ne me laveras les pieds. Jésus lui répondit : Si je ne te lave, tu n'auras point de part avec moi. Simon Pierre lui dit : Seigneur, non seulement les pieds, mais encore les mains et la tête. » (Jean 13 : 5-9)

L'humilité était la grandeur avec laquelle le Seigneur Jésus traitait les autres. Lui parfait en toutes choses, maitre de tout, s'humilie pour servir. Il avait tout, cependant, il se disposa pour bénir les autres dans une attitude glorieuse. Il ne fit pas cela pour impressionner les disciples. Il ne cherchait pas une faveur auprès de ceux qu'il dirigeait. Dans ses relations avec ses disciples, l'humilité était l'élément par lequel Il servait ses inférieurs. Ceux qui pensent que l'humilité ne se limite qu'à une relation de reconnaissance de la supériorité, se trompent. Elle s'applique aussi bien envers l'ainé que le cadet. Ainsi celui qui s'humilie devant son supérieur, mais exige que le cadet lui rende hommage, n'est pas humble. Si tu peux servir le supérieur et mépriser l'inférieur, tu n'es pas humble. Tu es un utilitariste. L'humilité ne connait ni l'âge, ni la couleur de la peau. Elle ne salue pas les riches avec révérence, tout en gambadant les pauvres avec mépris. Le Seigneur jésus nous livre la vraie marque d'humilité par sa vie. Tous les disciples n'avaient pas le même background social. Ils venaient de milieux sociaux différents, cependant, le Seigneur Jésus les servit. L'humilité que le Seigneur incarna est celle qui sert les petits tout comme les grands.

Aussi dans son langage, Il incarna l'humilité. Son discours plein de sagesse, rempli d'intelligence phénoménale, ses mots chargés d'une vie et d'une puissance transformatrices incroyables et ses paroles hébergeant une force irrésistible incarnaient tous l'humilité. Sa personnalité pragmatique et expressionniste dégageait la senteur de l'humilité céleste. Sa concision, Sa précision, Son attention et sa minutie lors de Ses interventions verbales reposaient sur l'élément divin dont Il était venu redonner la place de prééminence : l'humilité. Il

n'inventait pas des discours philosophiques pour perdre ses interlocuteurs. Il disait ce que le Père Le chargeait de dire à qui de droit, quand et comment. Il affirmera ce qui suit : **« Jésus leur répondit : Ma doctrine n'est pas de moi, mais de celui qui m'a envoyé. Si quelqu'un veut faire sa volonté, il connaîtra si ma doctrine est de Dieu, ou si je parle de mon propre chef. Celui qui parle de son propre chef cherche sa propre gloire ; mais celui qui cherche la gloire de celui qui l'a envoyé, celui-là est vrai, et il n'y a point d'injustice en lui. » (Jean 7 : 18)**
Christ incarna l'humilité dans ses discours. Il disait ce que lui ordonnait le Père qui L'avait envoyé. La matérialisation de Son humilité se révéla aussi dans la reprise des paroles données par le Père.

L'autre aspect où Christ incarna l'humilité est au niveau de l'accomplissement de l'œuvre du Père qui L'avait envoyé. Il fit la volonté du Père.

« Je t'ai glorifié sur la terre, j'ai achevé l'œuvre que tu m'as donnée à faire. »

l'humilité est la capacité de glorifier l'autre. Elle signifie travailler pour l'autre comme si c'était pour son œuvre personnelle. Le seigneur Jésus incarna l'humilité dans son œuvre. Il vint sur terre pour glorifier le Père en faisant le travail qu'Il a donné. Et Il fit toute l'œuvre à la perfection. Il ne chercha pas Sa propre gloire. La seule chose qui lui importait, était de décharger la volonté du Père. Il ne fit pas seulement la volonté du Père, mais il reproduisit ou suivi le protocole d'exécution pour réaliser tout ce que le Père voulait. Il faisait ce qu'il voyait faire au Père. Il n'essayait pas d'être original en créant une théorie et une méthode pour le faire. Il est dit notamment : **« Jésus reprit donc la parole, et leur dit : En vérité, en vérité, je vous le dis, le Fils ne peut rien faire de lui-même, il ne fait que ce qu'il voit faire au Père ; et tout ce que le Père fait, le Fils aussi le fait pareillement. » (Jean 5 : 19)**

Il ne fit aucune prétention. Il n'avait pas honte de dire qu'il reproduit exactement ce que le Père faisait. La mort au moi de Christ, c'est la conformité à l'humilité divine dont il était le mandataire. L'Humilité qu'il incarnait de la part du Père exigeait qu'il se conforme au modèle du Père.

Aussi dans ses rapports avec les perdus, il révéla l'humilité et sa place capitale. Quand les gens condamnaient, lui, Il pardonnait (la femme surprise en flagrant délit d'adultère en Jean 8 : 3-12). Quand les uns et les autres méprisaient et n'accordaient aucune attention, lui, Il valorisait et témoignait de l'affection (l'homme malade depuis 38 ans dans jean 5 : 5-9). Dans ses relations interpersonnelles, il incarna l'humilité. Son humilité était révélée par sa douceur, sa simplicité et son altruisme, sa patience et son partage avec tous ceux qui venaient à lui.

- **La crucifixion de Jésus Christ, une preuve d'humilité**

L'acceptation d'être crucifié fut un acte d'humilité. Il donna sa vie. Il disposa volontairement sa vie. L'humilité de Christ se démarqua aussi à Gethsémané où il fut arrêté. Il avait tous les pouvoirs pour disparaitre, mais il ne le fit pas. Incarnant l'innocence parfaite, il se soumit à ceux qui vinrent le saisir.

« Je suis le bon Berger, le bon berger donne sa vie pour les brebis. » (Jean 10 :11)

Le don de sa vie sur le calvaire fut une marque d'humilité qu'Il est venu recouvrer.

CHAPITRE 10- LA FINALITE DE L'HUMILITE DIVINE POUR L'HOMME

L'humilité parfaite est celle que Christ nous apprend. Parfait dans son caractère, impeccable dans ses actes, sans reproche dans ses possessions, irrépréhensible dans son attitude et son traitement envers les autres, Christ nous a laissé un modèle à imiter en tant que ses disciples. Il est venu par humilité. Il a vécu dans l'humilité et par l'humilité. Il est mort pour en vue de recouvrer la place de l'humilité ; c'est par elle également, qu'Il est retourné dans la gloire. Pour restaurer l'humilité perdue dans le jardin d'Eden, Il vint dans ce monde. Et sa résurrection et son intronisation à la droite du Père sont les preuves indéniables de la satisfaction de Dieu le Père. Il a incarné l'humilité divine afin de nous donner une base divine humaine à partir de laquelle on peut retrouver le cœur du Père et demeurer dans une posture qui lui soit permanemment agréable et satisfaisante. Ainsi le projet de Dieu est de nous conduire à cette réalité initiale du jardin d'Eden avant l'ingérence de monsieur serpent, le diable. Sa mort marque pour nous la mort de l'orgueil dans l'être, l'avoir et le faire. Et Sa résurrection veut tout simplement dire : la renaissance de l'humilité dans l'être, l'acquis et le mouvement. Il est venu réintroduire la vie de l'humilité en nous. En tant que ses disciples, nous pouvons retrouver la vertu de l'humilité et surtout sa finalité. Le but de l'humilité divine n'est pas le principe conduisant et introduisant dans la bénédiction matérielle, financière, ministérielle, conjugale et socioprofessionnelle. Ce n'était pas pour restaurer l'humilité juste comme un moyen que le Père envoya le Fils, mais c'est pour la réintroduire en tant que finalité de tout dans cette vie. L'héritage de la vie éternelle sera effectif grâce à l'humilité incarnée par Christ revêtue. L'une des raisons qui expliquent la carence d'humilité véritable dans le corps de Christ, est la connaissance parcellaire de l'entité humilité. C'est parce que, pour plusieurs d'entre nous, l'humilité est juste un moyen, un principe perspicace. Nous ne la connaissons qu'en tant qu'instrument pour notre ascension sociale, financière et ministérielle. Et la saisir sous cet angle est une excellente chose et indispensable, mais ce n'est pas parfait. Par le sacrifice ultime de Christ, Dieu nous propose le parfait qu'Il avait initialement introduit en l'Homme au jardin d'Eden. Le caractère trivialisant imputé à l'humilité de nos jours, n'est pas seulement exaspérant mais fortement offensant pour son Auteur. Les abus qui sont faits à ce riche produit de Dieu sont profondément ocres, béants et désagréables. Pour corriger cela, et redonner à l'humilité sa force de frappe et principalement sa primauté tant pour Dieu, pour la relation avec lui que pour la coexistence humaine, Christ est venu sur la terre, a vécu parmi les vivants et est subi le supplice de la croix. La place donnée à l'humilité dans nos échanges, dans la jouissance des grâces divines reçues et dans l'attitude de cœur à l'égard de Dieu et de notre prochain, ne lui convient vraiment pas du tout. L'honneur qui est conféré à l'orgueil fait de ce dernier une abominable idole contre laquelle Dieu s'inscrit en faux et hait d'une parfaite haine. Le mépris envers l'humilité ne révèle plus seulement la petitesse de la sagesse humaine, mais surtout une volonté satanique de saboter l'œuvre de la croix. Ainsi tout chrétien orgueilleux méprise le travail abattu à la croix. Le fait pour Dieu de résister (détester, répugner et rejeter) aux orgueilleux tient de ce que ceux-ci méprisent le sacrifice de Son Fils exalté. Les arrogants s'attaquent à l'œuvre de la croix. Ils amenuisent l'œuvre de Christ. Quelle est donc la finalité de l'humilité divine pour l'homme si les chrétiens continuent dans la pédanterie et l'arrogance ?

Rappelons-nous encore ceci : Christ est venu chercher et sauver ce qui était perdu. Et qu'est-ce qui a été perdu ? Eh bien, sa vie sur terre nous le démontre. Depuis son lieu de naissance jusqu'au retour dans la gloire en passant par son œuvre, ses paroles et son approche, Christ a incarné l'humilité. Considérer la grandeur de son œuvre et outre-passer le secret de l'approche qui en faisait la force, c'est ignorer quelque chose de fondamental. L'orgueil qui se dégage de nos approches envers les autres quand nous traitons avec eux ; l'arrogance qui ressort dans la jouissance des grâces divines et la fanfaronnade qui caractérise notre identité (professionnelle, matérielle, financière, familiale, etc.) quand nous la brandissons, témoignent de la méconnaissance aussi infime soit-elle de la finalité réelle de l'humilité. Nous connaissons l'humilité en tant que moyen, c'est bien. Mais le Seigneur nous convie à découvrir la splendeur de son vêtement, sa finalité glorieuse au Seigneur. Le Seigneur nous a donné une preuve palpable d'humilité parce qu'Il s'attend à ce que nous revêtions et incarnions l'humilité telle que typifiée par Son Fils.

« Mais Il fait grâce aux humbles. » (Jacques 4 : 6b)

La faveur et les grâces que les humbles reçoivent de la part de Dieu renseignent en réalité sur la place et la valeur de l'humilité dans le cœur du Seigneur. L'humilité est une précieuse entité qui compte tellement pour Dieu. Il aime les humbles. Il prend plaisir à la vie des personnes humbles et modestes. Dieu apprécie un cœur humble. Il se donne à un esprit simple. Quand une personne reconnait la valeur de l'humilité, alors elle est sur le chemin de la grandeur et de la bénédiction selon Dieu. Dieu veut nous accorder Ses grâces, mais l'orgueil de nos cœurs l'en empêche. Il est ralenti par l'arrogance qui a rempli notre être intérieur. Le projet de Dieu est de nous saupoudrer de Ses faveurs. Mais il nous faut intégrer la vertu et la finalité de l'humilité divine. Selon l'apôtre Jacques, certaines de nos prières ne sont pas exaucées parce qu'elles sont motivées par le moi et visent l'exaltation de l'égo. Lisons : « **D'où viennent les luttes, et d'où viennent les querelles parmi vous ? N'est-ce pas de vos passions qui combattent dans vos membres ? Vous convoitez, et vous ne possédez pas ; vous êtes meurtriers et envieux, et vous ne pouvez pas obtenir ; vous avez des querelles et des luttes, et vous ne possédez pas, parce que vous ne demandez pas. Vous demandez, et vous ne recevez pas, parce que vous demandez**

mal, <u>dans le but de satisfaire vos passions</u>. Adultères que vous êtes ! ne savez-vous pas que l'amour du monde est inimitié contre Dieu ? Celui donc qui veut être ami du monde se rend ennemi de Dieu. Croyez-vous que l'Ecriture parle en vain ? C'est avec jalousie que Dieu chérit l'esprit qu'il a fait habiter en nous. Il accorde, au contraire, une grâce plus excellente ; c'est pourquoi l'Ecriture dit : <u>Dieu résiste aux orgueilleux</u>, Mais il fait grâce aux humbles. » (Jacques 4 : 1-6)

Les querelles sont l'opposition frontale de deux pensées provenant de la volonté forte pour chacune d'elles de démontrer sa supériorité justifiée ou non. Les luttes sont l'expression la plus vilaine de la tentative du moi d'hégémoniser l'autre moi qui ne veut pas se soumettre. En d'autres termes, c'est la confrontation de deux dispositions égotiques qui veulent chacune s'affirmer. Derrière chaque acte de convoitise se trouve tapie une volonté d'égaliser ou supérioriser l'autre. Dans le tréfond du cœur de chaque personne, il y a ce désir effréné de prouver à l'autre qu'elle est quelque chose. La valeur de l'humilité s'inscrit dans le pan altruiste qui célèbre la coexistence humaine comme manifestation de l'appréciation divine envers les grâces reçues. Ce passage fait une diatribe sur l'orgueil. Il montre le mépris de l'arrogance, et il vulgarise la valeur placée au moi. Par ailleurs, il met l'emphase et dépeint la beauté de l'humilité. En d'autres termes, il explique que Dieu accorde les requêtes et les demandes des humbles parce que ceux-ci ne cherchent pas à satisfaire leur égo. Les motifs des humbles sont bons. En revanche, ceux des orgueilleux sont répugnants. C'est l'orgueil qui occasionne les convoitises, les luttes et les querelles. Ce sont les fanfarons qui créent les inimitiés de toutes sortes. Ce sont eux qui ébruitent tout le temps. Ce sont eux qui orchestrent les dissensions, les conflits et tohubohus. Mais les personnes humbles, sont douces. Elles sont paisibles. Elles sont pacifiques. Elles sont conciliantes et facilement vivables. Elles aiment tellement les autres qu'elles acceptent perdre au sens du Seigneur Jésus afin de garder une relation tranquille et sereine. Elles ne font pas semblant. Elles connaissent tellement le Seigneur et appliquent son modèle, qu'elles consentent qu'on les méprise.

« Car celui qui voudra sauver sa vie la perdra, mais celui qui la perdra à cause de moi la trouvera. » (Matthieu 16 :25)

L'un des buts visés par l'humilité divine, c'est le triomphe de la paix. Dans un environnement caractérisé par les tensions, les querelles et les conflits, l'orgueil est le maitre. Il est facile de catégoriser les personnes d'un tel milieu. Mais là où il y a la paix véritable, là aussi règne incontestablement l'humilité. L'orgueil est la racine qui nourrit et alimente les distances émotionnelles, les heurts et les hostilités. L'humilité est le socle imparable garantissant la paix. Le mépris jeté sur la coexistence humaine nait de la tentative de l'orgueil d'asseoir sa suprématie. Dieu a créé l'humanité dans toutes ses nuances colores pour une forte coexistence humaine harmonieuse. Les revendications identitaires qui plongent le monde actuel dans une insécurité indicible puisent dans la propension de chacune à vouloir signifier l'importance et la force supérieure de son identité. L'humilité est notre vraie identité commune à la création. Le problème du dénominationalisme auquel le corps de Christ fait face avec son lot de déboires et de méchanceté prend aussi corps à partir de la même racine. Est-ce à cela que Dieu nous a appelés quand Il nous a créés et sauvés ?

Pour comprendre la finalité de l'humilité divine pour l'homme, nous allons considérer un épisode de la vie de Jésus avec ses disciples.

« Jésus, qui savait que le Père avait remis toutes choses entre ses mains, qu'il était venu de Dieu, et qu'il s'en allait à Dieu, se leva de table, ôta ses vêtements, et prit un linge, dont il se ceignit. Ensuite il versa de l'eau dans un bassin, et il se mit à laver les pieds des disciples, et à les essuyer avec le linge dont il était ceint. Il vint donc à Simon Pierre ; et Pierre lui dit : Toi, Seigneur, tu me laves les pieds ! Jésus lui répondit : Ce que je fais, tu ne le comprends pas maintenant, mais tu le

comprendras bientôt. Pierre lui dit : Non, jamais tu ne me laveras les pieds. Jésus lui répondit : Si je ne te lave, tu n'auras point de part avec moi. Simon Pierre lui dit : Seigneur, non seulement les pieds, mais encore les mains et la tête. » (Jean 13 : 5-9)**

L'humilité en tant que principe est une chose formidable. Et le Seigneur Jésus l'a aussi conseillée aux disciples, lorsqu'ils discutaient sur le concept de la grandeur ecclésiastique. « Alors il s'assit, appela les douze, et leur dit : Si quelqu'un veut être le premier (grand), il sera le dernier de tous et le serviteur de tous. » (Marc 9 : 35)

Dans ce passage, le Seigneur Jésus leur donne le secret de la grandeur véritable. Mais intéressons-nous à celui de Jean. Nous voyons-là que le Seigneur de gloire s'humilie en se mettant au service de Ses disciples. Mais posons-nous cette question : Quelle grandeur recherchait-il auprès de ses disciples alors qu'il s'apprête à quitter le monde ?

Le seigneur Jésus nous livre dans cet épisode une image très claire du but de l'humilité. Loin de chercher à impressionner ses disciples, ni de rechercher la validation humaine, le Fils de l'homme nous livre le message derrière l'humilité divine. Que fait-elle ? Elle accomplit uniquement la volonté de Dieu. Elle honore Dieu en se disposant aux autres. Elle apprécie les grâces divines et les utilise pour L'honorer et Le vénérer. C'est la grandeur qui consiste à se disposer et à servir les autres. L'humilité est l'altruisme divin matérialisé dans les relations interpersonnelles. Le serpent enseigna la conscience forte de soi au détriment de celle de Dieu. L'orgueil prend racine dans la volonté de justifier et de montrer la grandeur du moi. Mais l'humilité à laquelle le Seigneur nous convie est celle qui justifie Dieu. Comme nous l'avons dit, l'humilité est la conscience prégnante de Dieu. Elle pense à Dieu et se dispose pour le Seigneur. Elle ne fait aucun cas de sa vie. Ceux qui comprennent le vrai sens de l'humilité se donnent pleinement à elle. Dieu veut que nous demeurions dans une atmosphère de félicité et d'agréabilité divines. Pour cela, l'humilité est le chemin. Nous pouvons suivre le Seigneur Jésus dans ce chemin de gloire. La permanence de Son intimité avec le Père durant Son séjour terrestre puisait dans la valeur qu'il plaçait dans l'humilité. Dieu prend plaisir au cœur humble. La beauté de la communion avec le Seigneur repose sur la présence fortement marquée de l'humilité. Nous ne sommes pas obligés de passer par l'humiliation pour apprendre et pour vivre dans l'humilité. La valeur réelle de l'humilité se dégage dans un cœur qui est correct envers Dieu. Christ n'est pas devenu humble comme conséquence de l'humiliation provenant de la trahison de son humanité. Il était parfait en tous points de vue. Il n'avait commis aucun péché, mais il était humble. La fausse humilité nait du mépris de la personne de Dieu. Elle est la manifestation consciente de l'humanisme. L'homme ayant tellement pris conscient de lui-même et de l'autre, utilise tous les moyens pour attirer des regards. Il fait semblant d'être humble parce qu'il veut gagner la faveur de son prochain et exalter le moi. Ce n'est pas le chemin que le Seigneur nous a montré. La vraie humilité commence avec le désir de satisfaire le cœur du Père. En fait, elle est la conséquence de la relation verticale manifestée dans la relation horizontale. La fausse humilité s'enracine dans l'égotisme. Mais la vraie, la parfaite vise la satisfaction du cœur du Seigneur. Suivre le pas de Christ, signifie-t-il que nous devons tous en tant que ses disciples être des charpentiers ? Certainement pas ! Nous avons vu qu'Adam et Eve avant la chute disposaient de tout et ne manquait de rien, mais ils étaient humbles. Job était l'homme le plus riche, influent et puissant de sa contré, mais il était humble. Lisons ce qu'il dit : « **Si j'ai mis dans l'or ma confiance, si j'ai dit à l'or, tu es mon espoir ; si je me suis réjoui de la grandeur de mes biens, de la quantité des richesses que j'avais acquises ; si j'ai regardé le soleil quand il brillait, la lune quand elle s'avançait majestueusement, et si mon cœur s'est laissé séduire en secret, si ma main s'est portée sur ma bouche ; c'est encore un crime que doivent punir les juges, et j'aurais renié le Dieu d'en haut ! Si j'ai été joyeux du malheur de mon ennemi, si j'ai**

sauté d'allégresse quand les revers l'ont atteint. » (Job 31 : 24-29)

Il disposait de tout, mais était humble. Et son humilité, c'était sa confiance en Dieu. Dieu était son tout. Il jouissait humblement de l'abondance divine reçue. Il traitait bien les autres. Il respectait les autres. Il ne laissait point le pauvre ni l'orphelin mourir de faim. Il était fort riche, mais il était d'une simplicité extraordinaire. La grandeur de Job ne reposait pas sur ses biens, mais sur son humilité. La raison pour laquelle Dieu lança le défi à Satan au sujet de Job, était certainement l'humilité véritable que son fils avait déjà intégrée.

Daniel aussi était grand et puissant, mais humble. Il était extrêmement sage, mais simple. Il était bien haut placé dans la société, mais modeste.

« Si ce secret m'a été révélé, ce n'est point qu'il y ait en moi une sagesse supérieure à celle de tous les vivants ; mais c'est afin que l'explication soit donnée au roi, et que tu connaisses les pensées de ton cœur. » (Daniel 2 : 30)

Ici Daniel nous montre l'humilité avec laquelle il jouissait des grâces divines qui lui avaient été échues. Il signale également une des finalités de la bénédiction divine : apporter la lumière en chassant la confusion.

Donc l'humilité à laquelle le Seigneur nous appelle n'est pas déterminée par notre compte bancaire ; elle ne s'appuie pas sur le type de travail que l'on fait. Elle concerne jouir de ce qu'Il nous donne en toute simplicité et reconnaissance. Elle concerne servir Dieu auprès des autres. Elle est celle qui connait la place de Dieu et la respecte de façon continuelle. Elle s'intéresse aussi à servir notre prochain sans forcément, avoir une idée égoïste derrière la tête. L'intérêt de l'identification à l'humilité divine vise premièrement le théocentrisme. Elle vise le retour à une consciente inaltérable de Dieu. Plus on est centré sur notre Père céleste, plus on est épanoui. Elle cherche aussi à accomplir le devoir en tant que membre de la société humaine en vue de la coexistence humaine paisible, harmonieuse et sereine. L'anthropocentrisme que le diable a introduit fait beaucoup de mal à l'humanité. L'hypocrisie, la fourberie, la démagogie, les prétentions de toutes sortes cesseront si l'humilité divine est comprise et vécue par l'Eglise. L'orgueil est le mensonge de la créature sur le créateur. L'astre du matin, fils de l'aurore prit ce que son Créateur lui avait donné pour réclamer sa place. Et cela lui coûta l'éloignement éternel de la présence de Dieu. En réalité, l'orgueilleux est d'une malhonnêteté impopulaire. En tant que créature, nous n'avons aucune base pour nous enorgueillir. Tout ce que nous avons dans cette vie et même dans la vie avenir, nous a été donné. Je vois souvent ceux qu'on appelle les autodidactes se vanter de leurs réalisations ; je vois aussi certains frères cirer des airs pour leur travail moins stressant et bien rémunéré. Il m'est également arrivé de rencontrer d'autres qui s'exhibent pour leurs connaissances intellectuelles et leurs compétences variées. Dieu est celui qui nous donne tout. Pour cela, l'arrogance est une vilaine malpropre qui vient nous ravir la reconnaissance due au Seigneur. L'humilité doit être pour nous, en tant que créatures, un acte quotidien de gratitude envers Dieu, le Créateur. Ce doit être notre attitude normale. Et c'est là le but (ultime) de l'humilité : reconnaitre Dieu en tant que créateur et donateur de tout. L'orgueil est l'ingratitude envers Dieu et les hommes. L'arrogant proclame qu'il est ce qu'il est, et a ce qu'il possède et fait comme il veut sans le concours de personne. Le vrai chemin de la folie est l'orgueil. L'humilité exalte le nom du Seigneur. Dieu fait grâce aux humbles parce qu'ils se rencontrent tous deux sur le même chemin. Il résiste aux orgueilleux parce que leurs chemins sont parallèles. Or le Seigneur veut que nous nous rencontrions sur le même chemin. Et l'humilité en est ce chemin. Il veut que nous connaissions une intimité incessante, et l'humilité en est la plateforme. Il veut jouir de nous, et l'humilité en est le cadre propice. Il veut se glorifier en nous, et l'humilité en est la porte. Il veut nous bénir pleinement, et l'humilité en est la clé de voûte.

En tout état de cause, l'humilité est à la fois le moyen et la finalité de notre vie sur terre. Pour entrer en contact avec les bénédictions de Dieu, nous avons besoin d'elle. Pour agréablement jouir de ce que nous recevons, elle est incontournable. Pour quitter cette terre et entrer dans la gloire, sa présence est plus que jamais non négociable. Plus tôt nous reconnaissons sa valeur, plus vite nous multiplions nos possibilités de connaitre l'affection divine la plus notoire envers nous. « Celui-ci est Mon Fils bien-aimé en qui j'ai mis toute mon affection. » Voilà le lot de ceux qui intègrent et vivent dans l'humilité véritable. Et c'est là que le Seigneur attend chaque être humain en général et tous Ses enfants actuels en particulier. Connaitre le Seigneur, c'est savoir ce qui lui plait. Aimer Dieu, c'est valoriser ce qu'Il chérit. Vivre pour le Seigneur, c'est s'identifier à ce qui garde Ses regards favorables et Sa main d'approbation. C'est revêtir l'humilité en tant que but de tout déploiement. Allons donc le retrouver au lieu inédit où Son cœur bat plus fort, où Son bras s'étend plus vite, où Son oreille écoute avec acuité et rapidité, où Ses yeux se disposent favorablement, où Sa parole parle promptement pour notre bien et notre épanouissement !

CONCLUSION

« Alors Jésus dit à Ses disciples : Si quelqu'un veut venir après moi, qu'il renonce à lui-même, qu'il se charge de sa croix, et qu'il me suive. Car celui qui voudra sauver sa vie la perdra, mais celui qui la perdra à cause de moi la trouvera. Et que servirait-il à un homme de gagner tout le monde, s'il perdait son âme ? ou, que donnerait un homme en échange de son âme ? » (Matthieu 16 : 24-26)

L'étrangeté qui se dégage de ce passage est à la fois frappante et saisissante, dans la mesure où il s'adresse non à ceux qui ne connaissent pas encore le Seigneur, mais aux disciples. En jetant un œil de nyctalope sur la phrase interrogative que le Seigneur Jésus pose aux disciples, on comprend qu'il y a quelque chose de fondamentalement capital qui doit caractériser le disciple qui veut ressembler à son maitre et de ce fait hériter le ciel. Si l'on peut avoir beaucoup d'argent en tant que disciple suivant le Seigneur et perdre son âme ; si l'on peut avoir le pouvoir et aller en enfer ; si l'on peut être mondialement influent et atterrir dans le lac de feu ; s'il est possible de posséder un énorme patrimoine immobilier (maisons, château, terrains, jardin, aires de toutes sortes), automobile (voitures de toutes marques, moyens de déplacements de tous genres : hélicoptères, bateaux, chaloupe, jets, avions, etc.), monétaire (bourse, actions, titres de participation, liquidités en banque, or, argent), humain (femme, enfants, amis, connaissances, relations importantes, parents formidables, etc.), et terminer dans le feu de la géhenne, alors on se demande quelle pourrait être la raison. En d'autres termes, un disciple riche mais arrogant peut-il hériter le royaume des cieux ? Un leader chrétien de renommée internationale peut-il finir loin de Dieu ? Pour répondre à ces questions, il suffit de chercher à savoir ce qu'est devenu le fils de l'aurore qui occupait une place stratégique auprès de Dieu. Si l'orgueil avec son but, a pu transformer l'astre du matin en Lucifer qui va passer l'éternité dans le lac de feu, alors on comprend de manière précise la primauté de l'humilité dans tout ce qui concerne notre vie de disciple sur terre.

La venue, la vie et le départ de Jésus Christ de cette terre caractérisés par l'humilité, sont la preuve suffisante de ce qui compte le plus aux yeux de Dieu. Christ est venu chercher et sauver ce que l'Homme a perdu. L'humilité, cette vie divine implantée dans l'esprit humain à la création et qui assurait le lien intime entre Dieu et l'Homme disparut par la désobéissance d'Adam et d'Eve. Et Jésus vint pour la restaurer en brisant la tyrannie de l'orgueil introduit en l'Homme par Satan. Nous pouvons goûter à toutes les grâces divines que la croix de Christ à libérées, mais si nous passons à côté de celle qui consiste à redonner l'humilité perdue, alors nous n'avons pas vraiment connu la croix. Car la vraie puissance divine relâchée à la croix est celle qui conquiert l'humilité. La découverte de la puissance divine pour la guérison, la bénédiction financière, matérielle, familiale, sociale, et ministérielle (capitalisation des talents et dons) est très bien ; mais la rencontre de celle qui restaure et établit le règne de l'humilité est parfaite. Il est recommandé de rechercher la vertu de la croix pour toutes sortes de bénédictions terrestres, mais il est ordonné de rechercher ardemment la force de la croix qui délivre de la puissance de l'orgueil et conquiert la puissance de l'humilité. Le succès est bien, mais s'il ne vise pas l'humilité comme finalité alors, il est un échec spirituel monumental. La grandeur est formidable ; mais si elle n'est pas enracinée dans l'humilité, alors elle n'en est pas une. Toute grandeur qui ne cible pas l'humilité est une petitesse épi-phénoménale (sans conséquence sérieuse). Enfin notre vrai succès sur terre en tant que disciple se mesure par l'humilité en tant que principe et finalité de la vie. Comme l'orgueil n'hérite pas le royaume des cieux, alors l'humilité est à rechercher, à trouver et à être revêtue tous les jours. Dieu nous bénisse ! Amen !